大学生职业生涯发展规划实操手册

Daxuesheng Zhiye Shengya Fazhan Guihua Shicao Shouce

主　编　张惠琴　李　璞　杨德祥

副主编　谢　琨　程虹娟　董亚妮　徐　琴

高等教育出版社·北京
HIGHER EDUCATION PRESS　BEIJING

内容提要

本书是与《大学生职业生涯发展规划》配套的实操手册。根据教育部《大学生职业发展与就业指导课程教学要求》，以训练和提升大学生职业生涯规划技能为主线，设计实操活动、拓展练习、案例分析，使理论教学与实践教学紧密结合，让学生在行动训练中认识自我、发展自我、提升自我，构想人生蓝图，探索职业生涯，规划大学生活。作为配套实操手册，本书保持了与《大学生职业生涯发展规划》编写内容的对应性，方便师生在教学过程中进行相应的训练。对应于理论教材的章节结构，本书分为四个篇章，按照“自我认知—职业探索—职业规划—职业素质提升”的逻辑展开，每篇包含实训目的、实操活动、拓展练习、案例分析和实用工具，是对理论教材中教学内容的辅助或延伸。

本书可作为高校大学生、研究生职业生涯规划课程的配套用书，对于从事职业生涯规划的教师和辅导员也具有一定参考价值。

图书在版编目(CIP)数据

大学生职业生涯发展规划实操手册/张惠琴，李璞，杨德祥主编. --北京:高等教育出版社，2013.8（2016.12重印）

ISBN 978-7-04-038090-3

Ⅰ.①大… Ⅱ.①张…②李…③杨… Ⅲ.①大学生-职业选择-高等学校-教材 Ⅳ.①G647.38

中国版本图书馆CIP数据核字(2013)第166779号

策划编辑 魏 然 邱 敏 李自敏　　责任编辑 云慧霞　　封面设计 张申申
版式设计 童 丹　　插图绘制 杜晓丹　　责任校对 陈 杨
责任印制 田 甜

出版发行	高等教育出版社	咨询电话	400-810-0598
社　　址	北京市西城区德外大街4号	网　　址	http://www.hep.edu.cn
邮政编码	100120		http://www.hep.com.cn
印　　刷	北京宏伟双华印刷有限公司	网上订购	http://www.landraco.com
开　　本	787mm×960mm 1/16		http://www.landraco.com.cn
印　　张	8.75	版　　次	2013年8月第1版
字　　数	110千字	印　　次	2016年12月第7次印刷
购书热线	010-58581118	定　　价	16.00元

本书如有缺页、倒页、脱页等质量问题，请到所购图书销售部门联系调换

物 料 号 38090-00

大学生职业发展与就业指导课程系列教材
编写委员会

总　序

当前，由于全球经济低迷，我国经济也受到了巨大冲击，许多以出口、制造和加工业为主的企业出现减产、停产，甚至倒闭现象。前几年已经成为吸纳高校毕业生就业主渠道的非公有制单位大规模缩减用人需求，毕业生就业外部环境仍不宽松。过热的社会舆论、有待完善的社会就业服务体系、毕业生本身能力素质的不全面等因素，使得高校毕业生就业问题成为全社会关注的焦点问题。

人力资源和社会保障部的相关数据显示，2013年，我国应届大学毕业生近700万人，按照以往70%的初次就业率计算，加上往年未就业的大学生，2013年可能有300万以上的大学生难以初次就业。大学生就业难的现状，伴随着近几年高校招生规模的扩大和我国经济增长放缓的状况，还将持续一段时间，今后几年高校毕业生就业形势会更加严峻。

近年来，国家高度重视高校毕业生就业工作，提出要以“全力以赴”的精神，重视和关心高校毕业生就业问题。2007年4月22日，国务院办公厅下发了《关于切实做好2007年普通高等学校毕业生就业工作的通知》（国办发〔2007〕26号），提出“将就业指导课纳入教学计划”的要求。2007年12月28日，教育部办公厅印发了《大学生职业发展与就业指导课程教学要求》（教高厅〔2007〕7号）的通知，强调将大学生职业发展与就业指导课程作为公共必修课，贯穿学生从入学到毕业的整个培养过程。2010年发布的《国家中长期教育改革和发展规划纲要（2010—2020年）》中明确提出要加强就业创业教育和就业指导服务。这是当前和今后一段时期我国高校毕业生就业工作的战略任务,也是广大高校毕业生就业工作者的历史使命。

目前各高校在大学生职业发展与就业指导课程建设、创新创业教育等实际工作中,都做出了积极的探索和努力。各高校逐步从以高校毕业生就业服务为重转向以就业指导为重,提升就业指导人员的专业能力,全面加强就业指导工作,以提高学生发现和把握就业机会、快速适应社会环境的能力,增强就业竞争力,让高校毕业生在激烈的社会就业竞争中充分发挥主动性和积极性,促使大学生自主分析就业形势、自觉锻炼个人能力、与用人单位双向选择,顺利迈出从学校到社会的关键一步。

成都理工大学职业经理研究所作为全国高校首家从事职业经理人研究的科研机构,多年来致力于职业经理人和大学生职业化的研究和实践工作,对大学生职业发展与就业指导课程的教学做了很多的努力和探索。2006—2007 年,研究所所长李璞教授带领的科研团队申请、获得了四川省教育发展研究中心"大学生就业竞争力培养模式研究"和四川省哲学社会科学普及规划项目"择业——实现人生理想的第一步"两项科研课题;2009 年组织编写了《大学生职业设计与职业发展》教材,该教材于 2012 年被评为第一批四川省"十二五"普通高等教育本科规划教材;2012 年申请、获得了成都理工大学"大学生职业生涯规划和就业指导"精品课程建设项目;自 2006 年以来,连续六年举办全校性的大学生职业规划大赛和"赢在起点"大学生职业能力提升训练营,从理论和实践两方面对大学生如何提高就业竞争力和职业发展能力进行了积极的探索。为了将这些年来所积累的实践经验和取得的科研成果更好地应用到教学当中,结合成都理工大学在大一、大二开设大学生职业生涯发展规划课程,在大三、大四开设大学生就业与创业指导课程的教学实际,2012 年 10 月,研究所在 2009 年编写的《大学生职业设计与职业发展》一书基础上重新编写了"大学生职业发展与就业指导课程系列教材",并成立了由专门从事大学生职业生涯发展规划研究和课程教学的专家、教师以及长期从事大学生就业指导工作的管理干部组成的编写委员会。该系列教材包括:《大学生职业生涯发展规划》《大学生职业生涯发展规划实操手册》《大学生就业与创业指导》《大学生就业与创业实操手册》。本套教材是根据教育部《大学生职业发展与就业指导课程教学要求》中对大学生职业发展与就业指导课程的教学目标、内容、方式、管理与评估提出的明确要求编写的,并参考了目前各高校开设大学生职业发展与就业指导课程的具体情况,希望能帮助大学生认清自我、规划自我、塑造自我,帮助高校更好地开展大学生职业发展与就业指导课程的教学工作。本套教材也是编著者多年从事大学生职业发展与就业指导课程教学、研究和实践的成果,是对高校毕业生就业指导和服务体系的有益补充。

"凡事预则立,不预则废。"大学生应该尽早进行职业生涯规划,及时了解就业政策法规、就业形势,掌握就业择业技巧。希望广大的大学生通过对"大学生职业发展与就业指导课程系列教材"的学习,在高校、教育系统、全社会的高度重视和正确引导下,能够正确认识自我,了解社会和职业,确立科学的人生目标,努力提高各项职业化能力和素养,提升就业竞争力,找到理想的就业岗位,进而成为自信又成熟、有激情又有胸怀、有能力又懂得抓住机遇的优秀的职场人士。

郭朝辉

2013 年 6 月于成都

前言

就业是关系国计民生的大事。随着大专院校学生就业形势的日趋严峻并备受关注，我国大部分院校都相继开设了与大学生择业、就业相关的职业规划类课程，该类课程已经成为高等院校引导学生职业选择的一门必修课程。

作为高校学生职业选择的指导课程，大学生职业生涯和规划对于学生了解自我和进行职业选择具有重要的指导价值。然而，一项有关我国高等院校职业规划课程开设情况的调查研究却发现，我国大学生职业生涯规划教育存在明显的实效不足的现象，不少学生仍然存在对职业生涯规划缺乏正确认识，认为职业生涯规划课程可有可无。究其原因，一个重要的方面就是在我国高校职业生涯规划类课程教学上存在理论化严重而实际操作练习不足的现象。因此，我们在编写主教材《大学生职业生涯发展规划》之时，重点考虑了本门课程的指导性和实践性，特意编写本书作为与主教材相配套的辅助性学习手册，以用于课堂练习和课后训练，期望通过这一配套教材能够帮助广大学生完成对理论知识的学习和相关技能的掌握。

本书在内容结构上与主教材是相互对应的，全书共分四个篇章，每一篇章又分为五个部分。其中每篇的第一部分——实训目的，介绍了本篇活动练习中需要掌握的一些主要知识、技能方法以及需要达到的实训效果；在每篇的第二部分——实操活动，在内容安排上精心挑选了一些具有代表性、趣味性或实用性的实践活动，是为了配合课堂授课而推荐教师采用的随堂教学活动；在每篇的第三部分——拓展练习，提供了若干练习活动，主要出于两个目的：其一是供任课教师在授课过程中根据课堂的实际情况自行选择实施，其二是供学生作为课下作业（活动）在空闲时间来拓展、延伸对于本篇内容的了解；每篇的第四部分——案例分析，选择介绍了一些在广大高校学生中出现的比较典型的案例以供学生学习借鉴；最后，在每篇中的第五部分——实用工具，给出了主教材中所介绍的一些职业生涯规划的常用工具或实用知识，以供学生学习和在生活中参考借鉴。

本书编著团队由具有丰富教学、科研和管理经验的高校教师和管理人员组成，团队成员中有的长期从事大学生职业生涯规划与就业创业指导教学科研工作，有的多年来一直指导和组织大学生职业规划与职业训练相关活动，有的长期从事大学生的就业管理工作，本书凝聚了团队成员多年教学、科研和管理的成果和心血。同时，本书在编写中还得到了一些在企业从事经营管理和人力资源管理的具有丰富实践经验的企业专家的支持和帮助，他们对本书的结构内容提出了很多好的修改建议，也提供了许多案例资料。

各篇章的主要编著者分别是：前言、第一篇：张惠琴、程虹娟、杨德祥、宋丽芳；第二篇：李璞、谢琨、徐琴、王伟；第三篇：杨德祥、张惠琴、李璞、贺雅文；第四篇：李璞、董亚妮、杨德祥、刘瀚龙；相关案例资料和附录整理：徐琴、尚甜甜、杨帆、易姝。李璞设计了本书的框架结构并对全书进行统稿，张惠琴、杨德祥承担了书稿的修改工作，徐琴负责本书编写中的组织协调工作，王昕协助做了最后的校改和完善工作。

在本书的编写过程中，我们参考并借鉴了前人和同行的大量研究成果、专著和论文，在参考文献中列出了他们的姓名和著作，在这里向他们表示感谢。

感谢高等教育出版社魏然编辑在编写和出版中给予的宝贵建议，也感谢其他编审老师在本书出版中付出的努力。

限于编者水平,书中难免有疏漏和不妥之处,真诚欢迎广大读者提出宝贵意见和建议,以便我们进一步修订和完善。

编者

2013 年 6 月

目 录

第一篇　自我认知

实训目的

自我认知是成功的职业生涯规划的第一步。本篇提供了一些认识自我的测评工具和探索活动，通过这些测评工具和探索活动掌握认识自我的方法，形成对自我性格、职业兴趣和职业价值观的正确认识，从而为后期的职业生涯规划奠定基础。

实操活动

MBTI 职业性格测验

MBTI 性格类型理论能够帮助我们深入了解自我，是一把开启通往自我探索的奇妙的钥匙。不同类型的人有着不同的思维及行为模式，而处于相同类型的人们在思维及行为模式上有着相似之处，通过 MBTI 测验，可以了解自己和他人的性格倾向，认清自己的优点和缺点，让自己从心里接受现在的自己；了解他人，学会理解和接受他人，接受他人与自己的不同，做到在工作和学习中相互理解和有效配合，请按照以下步骤完成此次的测评。

第一步，该测验包含 4 个维度，分别为外向(E)—内向(I)、感觉(S)—

直觉(N)、思维(T)—情感(F)、判断(J)—知觉(P),每个维度的测量均采用一个表格表示,表格中的每一行都有两个对立的行为特征(如希望成为注意的焦点——避免成为注意的焦点)。请在各个维度的两个特征中选择较适合自己的一项,并在表格中用"√"表示;每一表格选择完毕后,计算每列的"√"数目。例如,外向4个"√",内向5个"√",则在低栏选择内向(I),而不是外向(E)。

表1-1 MBTI职业性格测验表(外向-内向)

外向型的人		内向型的人	
喜欢用谈话的形式进行沟通		更愿意用书面的方式进行沟通	
希望成为注意的焦点		避免成为注意的焦点	
先行动,后思考		先思考,后行动	
在与他人谈话时形成自己的意见		通过思考形成自己的意见	
易于被了解,愿与他人共享个人信息		注重隐私,只与少数人共享个人信息	
说的比听的多		听的比说的多	
在工作和人际关系中都很积极主动		只有当遇到的事件或者情景对自己有重要意义时会采取主动	
反应迅速,喜欢快节奏		思考之后再反应,喜欢慢节奏	
兴趣广泛		兴趣专注	
外向(E)		内向(I)	

表1-2 MBTI职业性格测验表(感觉-直觉)

感觉型的人		直觉型的人	
相信自己的生活经验		相信自己的灵感	
强调实际运用来理解抽象的理论		个人在运用理论之前要先对此理论进行澄清	

续表

感觉型的人		直觉型的人	
为人崇尚现实		为人富有想象力和创造性	
喜欢运用和琢磨已有的技能		喜欢学习新技能，但掌握后又厌倦	
留心特殊的和具体的事物，喜欢给出细节		留心普遍的和有象征性的事物，使用隐喻	
在下结论时，经过仔细周详的推理		在下结论时，靠自己的直觉	
着眼于当前的实际情况		着眼于未来	
感觉(S)		直觉(N)	

表1-3 MBTI职业性格测验表(思维-情感)

思维型的人		情感型的人	
注重客观地分析问题		体贴他人，能够感同身受	
行动时，寻找一个合乎真理的客观标准		关心行动给他人带来的影响	
崇尚逻辑、公正和公平		注重情感与和睦，受自己价值观的引导	
爱讲理		富有同情心	
自然地发现缺点，有吹毛求疵的倾向		自然地想让别人快乐，易于理解别人	
可能显得无情、麻木、漠不关心		可能会显得感情化、无逻辑、脆弱	
认为公平意味着每个人都能得到平等的待遇		认为公平意味着每个人都被作为独特的个体对待	
认为诚实比机敏更重要		认为诚实与机敏同样重要	

续表

思维型的人		情感型的人	
受获得成就和欲望的驱使		受情感和渴望被人理解的驱使	
思维(T)		情感(F)	

表 1-4 MBTI 职业性格测验表(判断-知觉)

判断型的人		知觉型的人	
做完决定后感到快乐		因保留选择的余地而快乐	
生活中总是有计划的		随意、自发的	
具有工作原则,先工作后玩		具有玩的原则,先玩再工作	
确定目标并按时完成任务		不喜欢把事情确定下来,当有新的情况时便改变目标	
喜欢管理自己的生活		灵活,喜欢适应新情况	
注重结果		注重过程	
通过完成任务获得满足		通过着手新事物而获得满足	
把时间看成有限的资源		把时间看成无限的资源	
做事总是提前做准备,避免最后一分钟作决定的压力		最后一分钟做决定的压力会使我感到精力充沛	
判断(J)		知觉(P)	

第二步,比较自己每个维度的"√"的个数,在下面的横线上写出代表字母:

________ ________ ________ ________

E 或 I　　S 或 N　　T 或 F　　J 或 P

第三步,验证自己的性格类型。第一步中得出的四个字母的组合(如 ISTJ)就是你的性格类型,见表 1-5,其特征在后面的解释中给出。

表 1－5 MBTI 职业性格测验表(性格类型)

内向 感觉 思维 判断 ISTJ 型	内向 感觉 情感 判断 ISFJ 型	内向 直觉 情感 判断 INFJ 型	内向 直觉 思维 判断 INTJ 型
内向 感觉 思维 知觉 ISTP 型	内向 感觉 情感 知觉 ISFP 型	内向 直觉 情感 知觉 INFP 型	内向 直觉 思维 知觉 INTP 型
外向 感觉 思维 知觉 ESTP 型	外向 感觉 情感 知觉 ESFP 型	外向 直觉 情感 知觉 ENFP 型	外向 直觉 思维 知觉 ENTP 型
外向 感觉 思维 判断 ESTJ 型	外向 感觉 情感 判断 ESFJ 型	外向 直觉 情感 判断 ENFJ 型	外向 直觉 思维 判断 ENTJ 型

第四步,深入了解自己的性格类型。

(一) ISTJ 型——内向 感觉 思维 判断

ISTJ 型的人具有以下优点:

(1) 有责任感,多为社会中的明智坚定分子。

(2) 信守诺言,值得信赖。

(3) 注重实际,办事认真、仔细。

(4) 善于聆听并喜欢事情被切合实际而清楚地安排好。

(5) 天生独立,遇到危机都能表现得很平静。

(6) 天性安静而且勤奋,对细节有较强的判断力。

(7) 责无旁贷而且坚定不移,但在他们冰冷的外表下面,还有许多未表现出来的情感。

ISTJ 型的人具有以下缺点：

（1）他们常常会迷失在一件工作中的细节和日常操作中。一旦沉浸进去，他们就会变得顽固，而且对其他的观点置之不理。要注意搜集更广泛的信息，能够理智地评估一下自己的行为可能带来的后果，可以增大自己在该领域的影响力。

（2）有时不能明白别人的需求，因此可能被看成是冷酷无情的人。在日常生活中，应该把对别人的欣赏表达出来，而不是留在心里。

（二）ISFJ 型——内向　感觉　情感　判断

ISFJ 型的人具有以下优点：

（1）忠心耿耿，富有同情心，喜欢助人为乐。

（2）对他人的情感有敏锐的感觉。尽职尽责，喜欢被人需要。

（3）崇尚现实，喜欢安静而不摆架子的人。

（4）喜欢大量地吸收并运用事实，而且拥有对细节很强的记忆力，能够耐心地完成整个事情。

（5）在工作时严谨而有条理，愿意把事情清楚而明确地安排好。

（6）在做决定时能运用客观的判断和自己杰出的洞察力。

（7）不愿意把个人情感表现出来，但实际上他们对大多数情况或事件都有很强烈的个人反应。

ISFJ 型的人具有以下缺点：

（1）生活过得现实，他们很难全面地观察问题，也很难预见情况的可能性，尤其是他们不熟悉的情况。他们需要往前看，而且需要设想一下如果换个方式，事情能变成什么样。

（2）做每一件事都是小心翼翼的，这使他们很不容易摆脱各种不利的地位。生活中,学会告诉人们自己的需要和理想,让他们了解自己并尊重自己。

(3) 总是过度地计划,因此他们需要制订一些策略来调整自己专注的焦点,需要找到途径来给自己安排必要的娱乐和放松。

(三) INFJ 型——内向　直觉　情感　判断

INFJ 型的人具有以下优点:

(1) 有创意,生活在一个充满想法的世界中。

(2) 独立的思考者,感情强烈,有着坚定的原则并具有良好的个人品德。

(3) 相信自己的想法和决定,对现实情况有深刻的认识和洞察,看问题入木三分。

(4) 忠诚,有责任心,并且很理想化,追求完美,可以成为伟大的领导者。

(5) 喜欢劝说他人相信自己观点的有效性,但也会尽全力维护交情和避免冲突。

(6) 理想化,重感情,有同情心,很在意别人的情感和兴趣,善于与复杂的人打交道。

INFJ 型的人具有以下缺点:

(1) 过于专注于“想法”,有时会显得不实际,而且会忽视一些细节。要注意留意周围的情况,并且善于运用已被证实的信息帮助他们自己更好地运用创造性思维。

(2) 时刻受到自己原则的约束,没有远见,不知变通,抵制与他们相冲突的想法。因为对他们来说,自己的地位是不容置疑的。

(3) 有顽固的倾向,对任何批评都会过度敏感,当矛盾升级时,还会感到失望和绝望。

（四）INTJ 型——内向 直觉 思维 判断

INTJ 型的人具有以下优点：

（1）完美主义者，自制力强，看重个人能力，对自己的创新思想坚定不移。

（2）逻辑性强，有判断力，才华横溢，也很聪明；对自己和别人的要求都很严格，不会受到别人的冷遇和批评。

（3）个性独立，敢于挑战权威，但会顺应那些有助于他们实现目标的规定。

（4）具有创造性的思维，是智者。

（5）善于研究理论，是优秀的策略家。

INTJ 型的人具有以下缺点：

（1）有时给自己订了不切实际的高标准，可能对自己和他人期望过多。实际上，他们不关心自己的标准是否会影响到他人，只注重自己的感受。

（2）生活中想要变得更加有效率，就得学会放弃一些不重要的东西，而成功地抓住重要的影响因素。当他们努力地去接受生活并学会与他人相处后，他们将获得更多的平衡和能力，并让自己的新观念为人所接受。

（五）ISTP 型——内向 感觉 思维 知觉

ISTP 型的人具有以下优点：

（1）奉行实用主义，喜欢行动，不愿意空谈。

（2）坦白，诚实，实际，谦虚，对事物的规律性有很好的了解。

（3）善于分析，敏于观察，好奇心强，对技术性的工作很有天赋。

(4) 只相信可靠确凿的事实,能够很好地利用一切可利用的资源,善于瞄准时机。

(5) 生活中,安静而且沉默,表现出一副冷酷无情的外表,时常被认为不愿接近人。

(6) 喜欢户外活动,并且具备很好的迎接挑战和处理问题的能力。

ISTP 型的人具有以下缺点:

(1) 不喜欢和别人分享自己的反应、情感和担忧。总是喜欢独自做出判断,这使得周围的人对其一无所知。

(2) 过度向往空闲时间使他们有时会偷工减料。对刺激的追求也使他们变得鲁莽、轻率而且容易厌烦。

(六) ISFP 型——内向　感觉　情感　知觉

ISFP 型的人具有以下优点:

(1) 温柔、体贴,具有绅士风度,有强烈的个人理想和价值观,习惯以行动表达自己的感受。

(2) 常通过行动而不是语言来表达自己炽烈的情感。

(3) 有耐性,做事能屈能伸,十分随和,无意控制他人,能以一种实事求是的态度接受他人的行为。

(4) 全身心地投入到此时此刻的工作中,喜欢享受现今的经验而不是迅速冲往下一个挑战。

(5) 努力为自己创造一种优雅而个性化的环境,喜欢花时间来了解那些内在忠诚的人。

ISFP 型的人具有以下缺点:

(1) 天生具有高度的敏感,这使得他们可以清楚地看到他人的需要,并且有时会为了满足这些需要而拼命工作,以至于在此过程中忽视了自己。他们需要花时间来像关心别人一样关心自己；努力控制自己的冲动，并偶尔享受一下安静的生活。

（2）他们对批评相当敏感，而且会因受到批评而生气或气馁。

（七）INFP 型——内向 直觉 情感 知觉

INFP 型的人具有以下优点：

（1）他们认为内在的和谐胜过一切，愿意为一项自己认为值得的事业去奋斗。

（2）思路开阔，好奇心强，有洞察力，具有长远眼光。

（3）有些敏感，偏于理想化，忠诚，有着非常强烈的荣誉感。

（4）在日常生活中他们比较通融，较有容忍力，而且适应强。尽管他们外表看起来冷峻，但内心却是很在乎外界的，只是很少表露出强烈的情感。但熟悉后他们会变得十分热情。

（5）仁慈，有同情心，善于理解他人，对他人的情感十分在意。

（6）很有说服力，尊重那些理解他们目标和价值的人。

INFP 型的人具有以下缺点：

（1）不太在意逻辑，因此有时会犯错误。如果他们能听取更实际的人的建议，对他们是很有好处的。

（2）他们总是用不切实际的高标准来要求自己，这会导致他们感到自己是不能胜任的。试着更客观地看待自己的事情可以增加对批评和失望的承受力。

（八）INTP 型——内向 直觉 思维 知觉

INTP 型的人具有以下优点：

（1）善于处理抽象事物，他们满腹经纶，时常能闪现出创造的睿智火花。

(2) 外表恬静,内心却很专注地思考问题。

(3) 有判断性,时刻保留着自己的怀疑态度。

(4) 主要对发现可能性感兴趣,而不是那些已知的、已被承认的或很明显的东西。

(5) 目光挑剔,独立性极强,喜欢投机和富有想象力的活动。

INTP 型的人具有以下缺点:

(1) 注重自己的逻辑分析,可能不会考虑别人的想法。如果某件事不合逻辑,这类型的人很可能会放弃它,就算它对自己很重要。

(2) 善于发现某一问题的缺陷却很难表达。他们对细节没有耐心。

(九) ESTP 型——外向　感觉　思维　知觉

ESTP 型的人具有以下优点:

(1) 无忧无虑,属于乐天派。

(2) 活泼,随遇而安,天真直率,喜欢安于现状,不喜欢从长计议。

(3) 善于接受现实,有着宽广的胸怀,包容心极强。

(4) 好奇心强又极端现实,相信感觉给他们的信息。

(5) 重视行动而不是语言,他们能快速地接受必要的指示,找到合乎逻辑的办法并成功地解决问题。

(6) 有可能成为外交家,喜欢探求新方法,并经常可以劝说别人给他们一个妥协的机会。

ESTP 型的人具有以下缺点:

(1) 只着眼于现在的偏好和在危机发生时采用的那种"紧急"反应,常常一次着手很多事情,到最后发现不能履行诺言。他们需要把眼光放得远一点。

（2）在力求诚实时往往会忽视他人的情感，变得迟钝，只有把自己的观察能力用在周围的人群中才能更有影响力。他们还需要掌握时间观念和长远规划的技巧，以帮助自己完成任务。

（十）ESFP 型——外向 感觉 情感 知觉

ESFP 型的人具有以下优点：

（1）生性爱玩，充满活力，喜欢用自己的行为来为别人增加乐趣。

（2）适应性强，而且随遇而安，热情友好而且慷慨。天生就受到欢迎，天真率直，很有魅力和说服力。

（3）表现欲强烈，并时常给大家表演。

（4）喜欢有形的事实，并对细节有很好的记忆力，因此他们能从亲身经历中学到许多东西。

（5）能够容忍他人，而且不喜欢把自己的意愿强加给别人。

（6）现实的观察者，他们能够看到并接受事物的本来面目。

ESFP 型的人具有以下缺点：

（1）把体验和享受生活放在第一位，这常常使他们不是那么尽职尽责；喜欢交际的特点可能会令他们多管闲事并使其陷入麻烦之中。

（2）易受干扰而分心，以至于不能完成工作。

（3）经常在作决定时不考虑后果，而习惯相信自己的感觉，排斥更客观的事实。因此，他们需要后退一步，考虑一下事情的起因结果，并努力让自己在工作中变得坚强。

（十一）ENFP 型——外向 直觉 情感 知觉

ENFP 型的人具有以下优点：

（1）热情奔放并富有新思想。

（2）乐观、率性、积极、自觉，有创造力而且很自信，能深刻认识到哪些事情可为哪些不可为。

（3）把灵感看得比任何事情都重要，是天生的发明家。

（4）看重所有事情的含义，对不寻常的东西有很敏锐的洞察力，注重理解而不是判断。

（5）不墨守成规，善于闯新路子。

（6）喜欢面对和解决问题，能够把自己的天赋与别人的优势很好地结合起来。

ENFP 型的人具有以下缺点：

（1）觉得想出新主意是很容易的，他们经常无法在一段时间里专注于一件事，而且也不善于做决定。

（2）往往会失去兴趣而缺少一种完成任务的自制力。这种类型的人应该学会尽可能努力地去完成那些沉闷却是必须的任务，具有良好的时间观念和自我控制能力，当他们能够理智地考虑客观情况时，他们是很有作为的。

（十二）ENTP 型——外向　直觉　思维　知觉

ENTP 型的人具有以下优点：

（1）喜欢兴奋和挑战，总是在孜孜不倦地提高自己的能力。

（2）他们热情、智慧、健谈，对许多事情都很拿手，是典型的多面手。

（3）天生属于事业型人物。对新观念着迷，并且很留意各种可能性。有很强的主动性和创造性。

（4）勤学好问，多才多艺，适应性强，知识渊博，很善于处理挑战性的问题。

（5）机警而坦率，可以从任何角度找出问题所在。他们经常就问题的任何一个极端立场展开饶有兴致的争论，并乐此不疲。

（6）喜欢自由的生活，并且能从日常事务中发现乐趣和变化。

ENTP 型的人具有以下缺点：

（1）注重创造力，认为革新胜过一切，他们的热情促使他们寻找新鲜事物，以至于忽视必要的准备，而草率地陷入其中。他们需要适度着手有关事务。

（2）有时会太过直率而不够圆滑，因此，他们应该经常体会一下自己的真实情感。

（3）那种天生快速的预知能力使他们有时错误地以为自己已经知道了别人想要说的话，并插进来接下话茬。

（十三）ESTJ 型——外向　感觉　思维　判断

ESTJ 型的人具有以下优点：

（1）办事能力强，喜欢出风头，做起事来风风火火。

（2）逻辑性很强，客观，善于分析，有很强的推理能力。

（3）着眼于实际，喜欢自己做决定。

（4）生活很有原则，因此他们很坚定、很可信。

（5）喜欢让自己在他人面前显得传统一些，擅长判断人，而且本身是严于律己的。

ESTJ 型的人具有以下缺点：

（1）冷淡，对人漠不关心，因此他们通常需要对自己的感情与别人的反应和情感更加留心和尊重。

（2）由于他们天生是判断能力较强的人，所以他们经常不能对别人的才能和努力给予赞同和表扬。

（3）经常在还没有集齐必要的信息，或还没有花足够的时间了解情况的时候就跳到结果上。

他们需要学会有意识地推迟做决定的时间，直到他们考虑所有的信息，特别是他们可能会忽视的其他选择。如果放弃一些他们的控制权，并且懂得生活中有一些灰色的区域，那么他们一定会更好地适应社会并获得成功。

（十四）ESFJ 型——外向　感觉　情感　判断

ESFJ 型的人具有以下优点：

（1）喜欢通过直接的行动与合作给他人提供实际的帮助。

（2）责任心强，待人友善而且有同情心。

（3）非常注重人际关系，因此非常受人欢迎，而且健谈。

（4）遇事果断而坚定，态度认真，而且喜欢将事情安排妥当。

（5）表达意见坚决。

ESFJ 型的人具有以下缺点：

（1）在紧张而痛苦的时候，会对现实情况熟视无睹。他们需要学会直接而诚实地处理矛盾冲突。

（2）总是由于想取悦或帮助他人而忽视自己的需求。当他们不能找到改变自己生活途径的时候，他们就可能变得消极和郁闷。

（3）不愿意用新方法解决问题，表现得不知变通，因而延迟判断的时间。

（十五）ENFJ 型——外向　直觉　情感　判断

ENFJ 型的人具有以下优点：

（1）充满爱心，擅长交际，并且善于运用自己的口才天赋。

（2）对生活充满热情，并感到自己与万物都是息息相关的。

（3）典型的理想主义者，往往对自己很挑剔。

(4) 对自己尊重仰慕的人、对自己喜爱的事业和工作单位都非常忠诚。

(5) 关注他人的感受,很少在公共场合发表批评意见。

(6) 性情平和、心胸宽阔,与人和睦相处。

(7) 受欢迎,具有领导气质,是天生的领导者。

(8) 有责任心和同情心,能够理解、扶助他人,总是看到别人好的一面。

ENFJ 型的人具有以下缺点:

(1) 过于认真,易动感情,以至于有时会陷入感情中无法自拔。

(2) 当事情没有如所期望的那样成功时,会感到失落,退缩,感到自己不被欣赏。

(3) 为了营造和睦气氛,他们会忽视自己的需求或忽略实际的问题,有时会保持一种不够诚实和公平的关系。同时,过于关心他人的情感会令他们无视那些可能带来批评和伤感情的重要事实。

(4) 因为他们热情过高,又急于迎接新的挑战,所以有时会做出错误的假设或草率的决定。这时,需要放慢脚步,获得足够多的信息后再行动。

(5) 喜欢接受赞扬,但对于批评变得敏感,即使是无害或好意的批评都很难接受。

(十六) ENTJ 型——外向 直觉 思维 判断

ENTJ 型的人具有以下优点:

(1) 是极为有力的领导人和决策者,能够明察一切事物中的各种可能性。

(2) 总是试图同时取悦于许多人,这使他们很难站在一个不受欢迎的位置。

(3) 喜欢发号施令,不轻易批评别人,而且也不喜欢说"不"。

(4) 注重真理,善于做需要推理和智慧的工作,是天才的思想家和长远的规划者。

（5）善于组织群众，生活非常严谨而且期望别人也是如此。

（6）在作计划和研究新事物时是很系统化的。

ENTJ 型的人具有以下缺点：

（1）有时会急于做出决定，比较粗心直率，无耐心并且不敏感，不妥协并且让人很难接近。

（2）过于客观地对待生活，结果没有时间去体会感情。当他们的情感被忽视或没有表达出来时，他们非常敏感。

（3）会因为一些小事而大发雷霆，而这种爆发会伤害到与他们亲近的人。

（4）过于自信，认为自己非常有经验、有能力。只有让他们接受实际而有价值的项目，才能增长能力并获得成功。

拓展练习

练习一　给自己画像

（一）个人资料

姓名＿＿＿＿＿年龄＿＿＿＿＿城市＿＿＿＿＿地址＿＿＿＿＿＿＿＿
＿＿＿＿＿＿

（二）教育背景：从小到现在的学习经历。

＿＿＿＿＿＿＿＿＿＿＿＿＿＿＿＿＿＿＿＿＿＿＿＿＿＿＿＿＿＿

＿＿＿＿＿＿＿＿＿＿＿＿＿＿＿＿＿＿＿＿＿＿＿＿＿＿＿＿＿＿

＿＿＿＿＿＿＿＿＿＿＿＿＿＿＿＿＿＿＿＿＿＿＿＿＿＿＿＿＿＿

＿＿＿＿＿＿＿＿＿＿＿＿＿＿＿＿＿＿＿＿＿＿＿＿＿＿＿＿＿＿

＿＿＿＿＿＿＿＿＿＿＿＿＿＿＿＿＿＿＿＿＿＿＿＿＿＿＿＿＿＿

（三）休闲爱好：嗜好、参加社团活动、运动等（包括从中学到大学的技能）。

（四）童年兴趣：曾经有过、向往过并且现在还感兴趣的，等等。

____

____

____

____

____

____

____

____

____

____

____

____

____

（五）重要的人

父亲________职业________对你的影响____________________

____

母亲________职业________对你的影响____________________

____

他人________职业________对你的影响____________________

____

____

（六）重要经历：什么事或什么人影响你对职业生涯的思考？是怎样影响的？

（七）工作经验：从最近的工作往回写，包含时间、地点、职责、成就等（含兼职经历）。

（八）生活角色：你现在的生活角色有哪些？理想的生活角色是哪些？请按照投入大小绘成一个饼图。对照现实饼图和理想饼图，看看是什么因素妨碍个人理想的实现，或者准备做什么可以让理想尽可能实现。

现实饼图

理想饼图

感悟：

练习二 天生我才

第一步：请同学完成下列练习。

1. 我最欣赏自己的外表是______

2. 我最欣赏自己的性格是______

3. 我最欣赏自己对家人的态度是______

4. 我最欣赏自己对朋友的态度是______

5. 我最欣赏自己对学习的态度是______

6. 我最欣赏自己对做事的态度是______

7. 我最欣赏自己的一件往事是______

第二步：小组分享。在同学中交流自己所写的内容，讲完一项后，再开始下一项。通过自我分析和聆听他人，发掘自己与他人的优点，学习如何自我欣赏、自我肯定、自我接纳，增强自信和对他人的信任。

分享后的心得：______

练习三 梦想启航

第一步：放下所有的顾虑，发挥你自己的想象，写下 5 ~ 8 种你认为截然不同的职业或人生理想，填入表 1 – 6。

如：

职业或人生	吸引原因
扎克伯格般的人生	独立、影响力、财富
教师的职业	稳定、比较自由的课下时间、社会地位

表 1 – 6 “梦想起航”练习表

职业或人生	吸引原因

续表

职业或人生	吸引原因

第二步：看看这些职业是否可以分类？有哪些共同特点？为什么会吸引你？

我感兴趣的职业特质是：____

____

____

____

____

练习四　霍兰德兴趣小岛

假设你有七天的假期到海岛旅游,不用考虑费用问题,只是按照你的想法选择,你愿意去下面哪个小岛?

A 岛——"美丽浪漫岛"。岛上到处都是美术馆、音乐厅,弥漫着浓厚的艺术气息。岛民们保留着传统的舞蹈、音乐与绘画天赋。许多文艺界人士常常来这里开沙龙派对,寻求灵感。

C 岛——"现代井然岛"。岛上处处耸立着的现代建筑,标志着这是一个进步的、都市形态的岛屿,岛上的户政、地政及金融管理都十分完善。岛民们个性内向保守,处事有条不紊,善于组织规划。

E 岛——"显赫富庶岛"。岛上经济高度发展,高级饭店、俱乐部、高尔夫球场随处可见。岛民们性格热情豪爽,善于企业经营和贸易活动。岛上往来者多是企业家、经理人、政治家、律师,等等。这些商界名流与上等阶层人士在岛上享受着高品质生活。

I 岛——"深思冥想岛"。岛上平畴绿野,人少僻静,特别适合夜观星象。岛上有很多天文馆、科技博物馆、科学图书馆。岛民最喜欢猫在自己的小房子里,钻研学问,沉思冥想,探究真知。哲学家、科学家和心理学家们常常在这里聚会,讨论学术,交流思想。

R 岛——“自然原始岛”。这是个自然生态优良的绿色之岛。岛上不仅保留热带雨林等原始生态系统,而且建立了相当规模的植物园、动物园、水族馆。岛民以手工制造见长,他们自己种植花果,栽培蔬菜,修缮房屋,打造器物,制作工具。

S 岛——“温暖友善岛”。岛民性情温和,乐于助人,人际关系十分和睦。大家互助合作,重视教育后代。每个社区都能自成一个密切互动的服务网络,处处充满着人文关怀气息。

(一) 请回答

1. 你第一会选择哪个岛________________
2. 你第二会选择哪个岛________________
3. 你第三会选择哪个岛________________
4. 你打死都不愿意选择哪个岛____________

(二) 说明

1. 这六个小岛分别代表了霍兰德的六种职业类型,这六种职业类型两两相对,其对应关系如下:

A 岛—艺术型(Artistic)　vs　C 岛—常规型(Conventional)

E 岛—企业型(Enterprising)　vs　I 岛—研究型(Investigative)

R 岛—实用型(Realistic)　vs　S 岛—社会型(Social)

2. 问题一的答案是你最显著的职业性格特征、最喜欢的活动类型以及最喜欢(很可能是最适合)的大致职业范围。

3. 每一种类型的职业兴趣解释如下:

艺术型(A):属于理想主义者,具有独创的思维方式和丰富的想象力,直觉强烈,感情丰富。喜欢活动:喜欢创造和自我表达类型的活动,如音乐、美术、写作、戏剧。喜欢职业:喜欢“非精细管理的创意”类和创造类的工作。如:音乐家、作曲家、乐队指挥、美术家、漫画家、作家、诗人、舞蹈家、演员、戏剧导演、广告设计师、室内装潢设计师。

常规型(C):追求秩序感,自我抑制,顺从,防卫心理强,追求实际,回避创造性活动。喜欢活动:喜欢固定的、有秩序的活动,如组织和处理数据等。愿意在一个大的机构中处于从属地位,并希望确切知道工作的要求和标准。喜欢职业:总体来讲,喜欢有清楚的规范和要求的、按部就班、精打细算、追求效率的工作。如:税务专家、会计师、银行出纳、簿记、行政助理、秘书、档案文书、计算机操作员,等等。

企业型(E):为人乐观,喜欢冒险,行事冲动,对自己充满自信,精力旺盛,喜好发表意见和见解。喜欢活动:喜欢领导和影响别人,或为达到个人或组织的目的而说服别人,成就一番事业。喜欢职业:总体来讲,喜欢那种需要运用领导能力、人际能力、说服能力来达成组织目标的职业。如:商业管理者、市场或销售经理、营销人员、采购员、投资商、电视制片人、保险代理、政治运动领袖、公关人员、律师,等等。

研究型(I):自主独立,好奇心强烈,敏感,慎重,重视分析与内省,爱好抽象推理等智力活动。喜欢活动:喜欢独立的活动,比如独自去探索、研究、理解、思考那些需要严谨分析的抽象问题,独自处理一些信息、观点及理论。喜欢职业:总体来讲,喜欢以观察、学习、探索、分析、评估或解决问题为主要内容的工作。如:实验室工作人员、物理学家、化学家、生物学家、工程师、程序设计员、社会学家,等等。

实用型(R):个性平和稳重,看重物质,追求实际效果,喜欢实际动手进行操作。喜欢活动:愿意从事事务性活动,如户外劳作或操作机器,而不喜欢待在办公室里。喜欢职业:总体来讲,喜欢与户外、动植物、实物、工具、机器打交道的工作内容。如:农业、林业、渔业、野外生活管理业、制造业、机械业、技术贸易业、特种工程师、军事工作,等等。

社会型(S):洞察力强,乐于助人,善于合作,重视友谊,热情关心他人的幸福,有强烈的社会责任感,总是关心自己的工作能对他人和社会做多大贡献。喜欢活动:喜欢与别人合作的活动,帮助别人解决困难。喜欢职业:总体来讲,喜欢帮助、支持、教导类工作。如:牧师、心理咨询员、社会工作者、教师、辅导员、医护人员、其他各种服务性行业人员,等等。

练习五 价值五样

第一步:每个人希望从职业或工作中获得的、追求的、重视的东西都不同。现在且不考虑具体的职业或工作是什么,请在下面的15项工作价值观中选出5项最重要的,并按照递减顺序填写在下面的方框中。

- ◆ 声望:受到大家的尊重与礼遇。
- ◆ 独立:能够自己作决定。
- ◆ 助人:能够协助或教导别人。
- ◆ 变化:工作的内容不单调,有变化、有挑战、需创新。
- ◆ 领导:工作时能够领导、指挥、监督他人,分配工作。
- ◆ 兴趣:符合自己的喜好。
- ◆ 待遇:薪水高、利润多。
- ◆ 休闲:自己拥有较长的休闲时间或者可以自由安排时间。
- ◆ 福利:工作的地方能够提供良好的福利。
- ◆ 前景:这个职业将来会有很好的发展。
- ◆ 安定:收入稳定,不受环境等影响。
- ◆ 升迁:有明确的升迁制度和机会。
- ◆ 意义:有意义,对人、社会或世界的贡献比较大。
- ◆ 环境:工作环境舒适。
- ◆ 人际:同事修养好,人际关系和谐。

第二步：请同学两两组合，谈谈自己最想从职业或工作中获得什么？或者说对职业或工作最重视的因素有哪些？

第三步：如果不得不放弃其中的一项，你会选择放弃哪一项

请你再放弃一次，思考后作出选择________________

请再放弃一项________________

迫不得已，你还得放弃一项________________

现在，你剩下的最后一项是________________

第四步：请思考，也可和同学交流。你为什么留下那一项？这个活动对自己的价值观有些什么样的了解？价值观会对职业选择和人生产生什么样的影响？其他人的价值观会对你的生活造成什么样的影响？

____

____

____

____

____

____

____

____

____

____

____

____

案例分析

我的职业方向是什么

婷婷是一个活泼开朗、充满青春活力的女孩，来访时读大三，会计学专业，入学以来成绩优秀、表现出色，同学们都很羡慕她，觉得婷婷职业前途很好。可婷婷自己却很苦恼,她不喜欢自己的专业,很想转专业但又不知道自己适合哪个专业。

“老师,我现在很迷茫,不知道自己的职业方向到底在哪里?”

“能说说你为什么不喜欢自己的专业吗?”

“整天和数字打交道,缺乏变化和创新,我觉得很闷、很没意思。”

“当初高考报志愿时,这个专业是你自己选择的吗?”

“是妈妈建议的,我也不了解。入学后抱着‘学一行,爱一行’的理念,一直生活都比较充实,学习成绩还过得去,现在是学生会的一个部长,还是校报记者,偶尔写写新闻、拍拍照片,老师对我评价也不错。渐渐地,随着专业课的深入学习,我突然发现自己并不喜欢这个专业,将来也不想从事会计行业。我渴望能选择一个真正适合自己的、也比较喜欢的职业。”

“那么你想做什么职业呢?”

“只有一些朦胧的感觉,还不是很清楚。尤其现在大三,面临未来职业选择。妈妈建议我考研,我有点抓狂了。”

咨询师建议婷婷完成霍兰德职业兴趣测评。结果显示,婷婷的职业兴趣偏向社会型和企业型,说明她喜欢与人打交道,喜欢变化和创新,喜欢在快速变化的环境中从事创造性和开拓性的工作,但对重复性和细节性的工作缺乏兴趣和耐心。

“我觉得测评结果挺符合我。其实在做测评时,我就一直在思考,我觉得我是一个喜欢和人打交道、喜欢挑战和变化的人。我喜欢有一个团队,大家一起解决问题,即使再累再辛苦,我也会觉得很开心。就像大二时我们组队参加一个产品的校园设计推广活动方案比赛。我们6个人合作得非常好,查资料,做调查,提出方案。虽然当时经常加班,但我觉得很充实、很有成就感。”

咨询师现场就能感受到婷婷眉飞色舞的兴奋。

为进一步了解婷婷的工作价值观,让她从15项工作价值观中挑选出自己最看重的5项。婷婷选择了“成就感、创造性、经济报酬、同事关系、智力激发”这一项。看来，婷婷非常看重自我的提升和成就，希望能够不断挑战和提升自己。

“现在你知道哪些职业比较符合你的兴趣和价值观吗？”

婷婷摇头，“销售？管理咨询？……但是，父母希望我从事与专业对口的工作，他们说转行会付出很大代价，很多东西要从头学起，在求职时也没有竞争力，我自己也拿不定主意。”

“看来你对职业的了解不够。选择职业如果只凭感觉是不能做好规划的，知己知彼，才能和自己的性格、兴趣、能力以及现实可行性进行匹配，否则父母的担心可能会成为现实。”

“那我该怎样去深入了解职业呢？”

咨询师给婷婷介绍了一些了解职业信息的方法，比如阅读职业介绍的书刊、查询目标企业网站、浏览相关的职业搜索网站、参加招聘会、实地参观、社会实践、实习、进行生涯人物访谈，等等。同时提醒婷婷，职业规划并不是绝对的，任何职业和个人都不能实现百分之百的匹配。婷婷现在大三，虽然转专业不太现实，但是不要让自己局限在一个职业范围内，而是开阔视野，充分了解自我和职业，并根据现实情况调整和修正自己的职业方向，最终达到选择理想职业道路的目标。

（案例引自《大学生职业生涯规划咨询案例教程》，方伟主编，北京大学出版社2008年版。收录本书时有所改动。）

案例评析

现实生活中，宣称不喜欢所学专业的学生，不少人是因为不了解所学专业。可能有些学生是随着对专业了解的加深而不喜欢，有些则完全凭感觉。婷婷属于前者。

职业咨询首先需要来访者分析对自己的了解是否准确，不喜欢专业的原因。随后通过婷婷对工作价值观的选择为其职业方向提供进一步的印证和依据。当然，和许多大学生一样，婷婷也缺乏对职业和相关知识的了解。因此，告诉她一些获取职业信息的渠道和方法，建议先去深入广泛地了解职业再作决定。

婷婷本身非常优秀，尽管不喜欢所学专业，成绩依然优秀，同时还参加了很多社会工作和实践活动，具备一定的沟通能力、组织管理能力以及分析问题、解决问题的能力，综合素质比较高。无论做什么样的职业选择都能积极面对，这是婷婷积极心态的结果。

职业生涯是一个变化发展的过程，无论个体自身还是外部世界都在发生着变化，很多未来的不确定因素都需要我们去积极地面对，作选择和决定时不妨先停下来问问自己：我到底想要去哪里？我适合用什么样的方式夫？我怎样才能去到那里？

实用工具

测试工具推荐

明尼苏达多项人格测验(MMPI)：http://www.apesk.com/mmpi/

卡特尔16种人格测验：http://www.sojump.com/jq/176289.aspx

霍兰德职业兴趣测评：http://www.jobtest.com.cn/

大五类人格测试(麻省理工)：http://www.apesk.com/

第二篇　职业探索

实训目的

了解职业是确立职业发展目标的一项重要前提。本篇提供了一些职业活动的探索方法，通过对这些职业活动探索方法的操作和学习，掌握职业环境分析的内容和职业探索途径，了解自己心仪职业的具体要求，认识大学生在目前求职过程中所处的职业环境。

实操活动

心仪职业探索

根据自己的个人兴趣，选择自己心仪的职业，参照表 2－1～表 2－3 完成对心仪职业的“目标企业”“目标就业地域”和“目标职业岗位”的相关信息搜索与整理。

（一）目标企业职业信息探索简表

表 2-1　目标企业职业信息探索简表

企业内部信息	企业外部信息
企业基本概况	企业客户信息
1. 发展历程	1. 客户类型
2. 所属行业/发展阶段/发展前景	2. 客户规模
3. 业务范围	企业竞争对手信息
4. 企业文化	1. 对手类型及主要竞争产品
5. 组织结构	2. 对手规模
人力资源概况	公众形象与社会评价
1. 员工招聘标准	1. 媒体报道
2. 薪酬福利	2. 公众印象
3. 培训计划及员工职业发展	政府政策（对该行业/对该公司）
4. 绩效考核	1. 政府扶持政策
5. 工作环境	2. 政府限制政策

（二）目标就业地域探索简表

根据表 2-2，搜寻自己心仪的职业地域，如北京、上海等，完成一份目标就业地域的相关信息探索表。

表 2-2　目标就业地域探索简表

探索维度	具体状况
政策支持	
经济发展	
城市文化	
拥有资源	
居民生活	
其他内容	

（三）目标岗位探索表（表中部分项目可选择填写）

根据表 2－3 指引，搜集信息并完成自己心仪岗位职位说明书，从而了解该岗位的工作职责、权力协作关系、胜任资格等相关信息。

表 2－3　心仪岗位职务说明书

<table>
<tr><td>岗位名称</td><td colspan="2"></td><td>岗位编号</td><td></td></tr>
<tr><td>所在部门</td><td colspan="2"></td><td>岗位定员</td><td></td></tr>
<tr><td>直接上级</td><td colspan="2"></td><td>工资等级</td><td></td></tr>
<tr><td>直接下级</td><td colspan="2"></td><td>薪酬类型</td><td></td></tr>
<tr><td>所辖人员</td><td colspan="2"></td><td>岗位分析日期</td><td></td></tr>
<tr><td colspan="5">本职：</td></tr>
<tr><td colspan="5">职责与工作任务：</td></tr>
<tr><td rowspan="3">职责一</td><td colspan="4">职责表述：</td></tr>
<tr><td rowspan="2">工作任务</td><td colspan="3"></td></tr>
<tr><td colspan="3"></td></tr>
<tr><td rowspan="4">职责二</td><td colspan="4">职责表述：</td></tr>
<tr><td rowspan="3">工作任务</td><td colspan="3"></td></tr>
<tr><td colspan="3"></td></tr>
<tr><td colspan="3"></td></tr>
<tr><td rowspan="5">职责三</td><td colspan="4">职责表述：</td></tr>
<tr><td rowspan="4">工作任务</td><td colspan="3"></td></tr>
<tr><td colspan="3"></td></tr>
<tr><td colspan="3"></td></tr>
<tr><td colspan="3"></td></tr>
</table>

续表

职责与工作任务：		
职责四	职责表述：	
	工作任务	
职责五	职责表述：	
	工作任务	
职责六	职责表述：	
	工作任务	
职责七	职责表述：	
	工作任务	
职责八	职责表述：	
权力：		

续表

工作协作关系：	
内部协调关系	
外部协调关系	
任职资格：	
教育水平	
专业	
培训经历	
经验	
知识	
技能技巧	
个人素质	
其他：	
使用工具/设备	
工作环境	
工作时间特征	
所需记录文档	
考核指标：	
备注：	

拓展练习

练习一　职业生涯人物访谈

简介：职业生涯人物访谈是获得具体职业详情最有效的方法之一，是通过对自己感兴趣职位的人物访谈而获得职业、职位信息的一种快捷方法。通过该工具锁定了一些目标职业后，可以结合资料搜集等其他方法来详细了解目标职业信息。

（一）前期准备

访谈前要做好充分的准备工作。准备工作包括两个方面：首先，了解自己。了解自己是进行深入信息访谈的必要前提，对自己的了解越透彻，在访谈时就越有可能找到问题的满意答案；其次，列出自己感兴趣的组织和可访谈的人物。

（二）生涯人物访谈预约

进行生涯人物访谈预约，要注意以下三个方面：

1. 访谈前联系访谈人，进行简单自我介绍并说明意图。在介绍中要注意提到自己是如何获得访谈人联系方式的，联系访谈人的方式可以是邮件、电话等。

2. 预约中要说明此次访谈中自己感兴趣的工作类型、原因及访谈时间（通常 20 ~ 30 分钟）。倘若访谈人不方便会见，就尝试请求其推荐介绍一位与其所做工作相似的人。

3. 如果预约成功，则要确认访谈的时间和地点，如果不能见面，可表示遗憾;如果得到了被推荐人的名字,则要表示感激。

(三)开展生涯人物访谈

在这里,我们提供了在进行生涯人物访谈中可能用到的一些问题,在进行人物访谈时可以结合实际情况和自身需要进行相应选择。

1. 以往工作经历是怎样的?
2. 每天具体工作内容大致是什么?
3. 工作领域的“职业生涯通道”是什么?
4. 本职业对人的素质有什么要求,基本技能是什么?
5. 在本领域工作可以学到哪些方面的知识?
6. 工作中本领域经常碰到的问题有哪些?是如何处理的?
7. 工作中自主决策的程度如何?
8. 本领域的发展机会如何?
9. 有哪些潜在的不利因素会影响本领域的工作?
10. 本领域的工作受科技和技术进步的影响程度如何?
11. 未来本工作的发展前景如何?
12. 您认为本工作哪些部分最让您感到满意,哪些工作挑战性强?
13. 本领域初级职位和略高级别职位的薪水是多少?
14. 本工作需要的特别知识、技能和经验有哪些?
15. 本工作需要什么样的教育或培训背景?
16. 新员工进入工作需要接受哪些方面的培训?
17. 对于一个即将进入本领域的人,您能否提一些建议呢?
18. 还有哪些渠道可以帮我了解本领域的工作情况?
19. 能否推荐一下您的朋友或同事作为我下次访谈的对象?
20. 根据我的情况,您认为我在做出最终决定之前还应学习哪些知识、掌握哪些技能？在哪些领域进行调研？

（四）注意事项

1. 访谈问题不宜太多，一般 5 ~ 10 个即可。

2. 问题一定要简洁，不要浪费他人时间，并且按约定的时间结束。

3. 恳求访谈对象继续提供相关信息。

练习二　职业探索活动

（一）通过头脑风暴法列举出与自己感兴趣的商品（如电脑）相关的尽可能多的职业

1. ____________________

2. ____________________

3. ____________________

4. ____________________

5. ____________________

（二）运用在大学生职业规划与职业发展教材中所学习的知识，找出与自己所学专业对口的职业或者相关职业

1. 对口职业____________________

2. 对口职业____________________

3. 对口职业____________________

4. 相关职业____________________

5. 相关职业____________________

6. 相关职业____________________

案例分析

我该选择哪个专业

“老师,你觉得我应该怎么办?”身材高大的小强眉头紧锁。

小强是生物专业大三的学生。身边同学都在准备考研,他也很着急。考本专业吧,实在不喜欢,考别的专业又没有信心,而且也不知道该考什么方向。思前想后,小强决定来做职业规划咨询。

“看起来你已经焦虑很久了。”

“是呀,现在再不定方向去准备就来不及了。”

“为什么不想选择考本专业?”

“我也不太清楚,高考的时候本来想报新闻专业,可我爸说现在社会高科技人才有发展前途,当时我也不太懂,虽然不太情愿,但也不知道该选什么。一路学下来,也不是特别不喜欢生物工程。但是考研,总觉得可以重新选择一次。很纠结。”

“你的父母、老师、朋友知道你目前的想法吗?对你有什么建议?”

“老师觉得我学得不错,一直鼓励我考本专业的研究生。父母也是这么希望的,但是这次他们让我自己作主。”

“看起来老师蛮认可你的!”

“还好吧,但我不觉得我在这方面很优秀。”

“为什么呢?”

小强是班长,平时组织班级活动,分派任务,对外联络,当众讲话的时候感觉都很好,同学说他侃侃而谈,逻辑清楚,有感染力。但是一讨论专业问题他就特别不自信,他觉得同学的观点都比他的新频、独特,而且有些专业知识他要费很大的力气才能学会。有一次做小组试验总结,他代表小组发言,可站起来时大脑一片空白,老师问的问题他也回答得磕磕碰碰,现在想起来还觉得很丢人。

“听起来你只是对专业学习不自信?如果让你考本专业的研究生,你能考上吗?”

“没问题,只要我考肯定考得上,对我来说不是太难。可我不想读。”

“暑假在企业实习过,每天坐在那里做试验让我很烦,我将来不想做那样的工作。”

“这个专业方向上,企业首先需要的人才是技术,但还有其他需要的呀。”

“这个我倒是没有想到。我曾经想学新闻专业,在大学里也发表过一些小文章,但是现在不可能考新闻学的研究生,我完全没有专业基础。老师你说,还有什么其他的适合我吗?”

“你学了三年,也在生物企业实习过,不过除了做研究你好像还是不太清楚本专业毕业后将来还有什么就业方向。”

“是的,我的确了解不太多。可是一想到要做三年的生物专业研究生,我就非常郁闷,我不想读这个研究生!”

“你其实已经做了决定了,是吗?”

“嗯……”小强不好意思地笑了。

“可是现在做决定有一点早,最好了解专业方向后再考虑。我觉得你对职业信息的了解还不够,比如你说你想考新闻,你希望将来做什么呢?”

“记者吧!”

“记者是需求量比较大的工作,周围的记者也有很多,你知道自己的工作内容吗?有没有跟记者了解过他们的工作?”

小强摇了摇头。

“所以你做不出决定,因为你对各种信息都了解得不多。你不仅仅要了解生物专业的就业方向,还要了解新闻等你感兴趣的职业方向。任何决定都是要在掌握了全面信息的情况下才能做出,你现在对很多信息都不了解,却想做出决定,必然会觉得很恐慌。当然,你希望做一个完美的决定,可是没有任何人能够保证按照自己做的决定将来一定会一帆风顺,只要是决定就会有风险,所以一旦做了决定你就要为决定而努力,并且承担风险!"

小强郑重地点了点头。

(案例引自《大学生职业生涯规划咨询案例教程》,方伟主编,北京大学出版社 2008 年版。收录本书时有所改动。)

案例评析

不喜欢自己的专业,也不了解自己喜欢什么专业,对各种职业和就业信息又不了解,任何人都不可能做出决定,所以这种情况下必然会产生决策焦虑,当他们把信息了解清楚之后,这种焦虑便会渐渐消失。

不少大学生并不喜欢自己的专业,却又选择继续攻读本专业的硕士甚至博士研究生,毕业找工作的时候他们非常痛苦和恐慌,这种痛苦和恐慌甚至超过了他们本科毕业的时候。他们在攻读硕士或博士期间,投入了更多的精力和时间,也希望自己的投入有更高的回报。然而,他们的本科同学已经工作了两三年,很多同学已经有了较好的收入,甚至有的已经走到了管理岗位,这对他们找工作时形成了更大的压力,本专业方向不喜欢,非专业方向的就业机会又很少。

在这种情况下,最好的办法是避免盲目考研。当然,如果已经考上了本专业的研究生,读研期间还是有补救办法的,比如参加一些实习,自学一些课程,对感兴趣的领域花费一些心力,为就业时转换方向做好准备,只是投入的精力要比别人要多很多。

有目标才有努力的方向!目标则来自你对自己和各种信息的全面了解。

实用工具

大学生兼职活动比较分析

现在，利用大学课余时间参加兼职活动在广大高校当中已经十分普遍，在这里，我们罗列一些常见的兼职活动并对其进行比较分析，以供广大学生进行兼职选择时参考借鉴。见表2－4。

表2－4　大学生常见兼职活动比较

比较 兼职活动	优点	缺点
家教	工作时间固定，工作环境安静，能学以致用，锻炼表达能力、思维和应变能力	不利于专业知识学习和动手能力的提高，有时候会与学习时间发生冲突
促销员	一般在假期进行，不会发生时间冲突，可以锻炼与人沟通和个人表达的能力，能够结识很多同龄朋友	劳动强度大，劳动时间长，需要较强的耐力和毅力
礼仪	薪酬高，可以开阔视野，增长见识，激发人的上进心，而且对人自身形象的塑造有很大的帮助	安全风险较大，形象气质要求高，如果没有足够的安全保障一定要谨慎
翻译	锻炼自己的外语水平，工作时间和工作地点十分灵活	外语水平要求高，因稿件质量问题可能面对拒稿的风险
服务生	一个认识社会的好平台，训练人的反应能力、记忆能力和随机应变能力	薪水待遇较低，劳动强度较大，需要面对形形色色的社会人员

第三篇　职业规划

实训目的

科学合理的职业规划是职业成功的重要保障。本篇提供了一些职业生涯规划的活动和方法，学生通过对这些职业生涯活动和方法的学习，要掌握生涯目标的决策方法和分解方法，达到能够在自我认知的基础上根据目标职业的要求制订具体、清晰、合理的自我职业生涯规划实施策略和行动计划。

实操活动

活动一　生 涯 幻 游

活动简介：生涯幻游活动是结合音乐，通过带领者引导参与者去他想象中的未来空间，从而通过幻游空间帮助幻游者了解自身的期待与价值观以及自身渴望的未来。

生涯幻游的具体步骤为：（注意：语速要缓慢而柔和，最好结合温柔的音乐，在标注需要停顿的地方要有停顿。）

现在，请尽可能地放松你的身心，在你的位子上调整到你觉得最舒服的姿势，闭上眼睛，放松（停顿）、再放松（停顿）。慢慢调整你的呼吸，呼气（停顿)、吸气(停顿)、呼气(停顿)、吸气(停顿)。保持这种平静的状态,接下来,继续放松身体每一部分肌肉,放松(停顿)、放松(停顿)、再放松(停顿)。

下面,跟着我说的想。现在你已经乘坐上一架时空穿梭机,来到了五年后的早上。你躺在床上刚刚醒来,此时你是睡到自然醒还是被闹钟吵醒?现在是几点钟?你在哪儿?观察一下四周,你看到了什么?有没有闻到什么或者听到了什么?(停顿)现在,你已经起床了,起床后你要做的第一件事情是什么?(停顿)洗漱完后你是否在家中吃早饭?早饭吃的是什么?(停顿)有没有人和你一起吃呢?(停顿)吃完饭后马上就要准备去上班了,你正在考虑要穿什么衣服,你最后决定穿的是什么衣服?(停顿)此刻,你正站在镜子面前打扮自己,当你想到今天的工作时你心情如何?是平静、兴奋、厌倦,还是其他?(停顿)现在你准备去上班,出门后回头看看你住的房子,它是什么样子的?(停顿)

好,现在去上班了。你用什么交通工具去的单位?有没有人和你一起呢?如果有的话是谁呢?当你走时留心观察周围的一切。(停顿)单位远不远?(停顿)到达单位了,想象一下:单位是什么样子的?它在哪里?看起来怎么样?(停顿)走进你工作的地方,你看到那里都有些什么人?(停顿)他们在做什么?单位的人都是怎么称呼你的?(停顿)你的办公室是什么样子的?接下来你要做什么?(停顿)就这样,你可以想象一下:你一上午的工作都做了些什么?在这一上午中,你是用你的思想在工作,还是做一些简单的事务性工作?你跟别人一起工作,还是独自工作?是在户外,还是室内工作?(停顿)

现在,上午的工作结束了,该吃午饭了,在哪里吃的饭呢?一起吃饭的还有其他什么人吗?你们都说了些什么呢?(停顿)饭后到工作期间,你做了些什么呢?下午回到工作中来,想象一下下午的工作与上午的工作有什么不同。(停顿)很快,下午的工作也结束了,这一天的工作让你感觉到满足还是沮丧?为什么?(停顿)今天你还想去别的地方吗?(停顿)在这一

天当中，你还有没有其他想做的呢？（停顿）

现在，你回家了，有人欢迎你吗？（停顿）回家的感觉怎么样？（停顿）你有没有与家人分享这一天所做的事呢？（停顿）你准备去睡了。回想这一天，你感觉如何？（停顿）你希望明天也是如此吗？（停顿）你喜欢今天的这种生活吗？（多停顿一会）

好了，请睁开眼睛，现在你回来了……看看周围的一切，欢迎你旅游归来。喜欢你幻游的生活吗？有没有同学可以分享一下你的幻游经历？

如果参与者不想分享幻游的话可以花些时间思考下列问题：

我五年后典型的一天描述：

（一）我五年后从事的工作的描述

工作是________________

工作内容是________________

工作场所在________________

工作场所周围的环境________________

工作场所周边的人群________________

（二）我五年后的生活形态的描述

婚姻状况　□已婚　□未婚　□其他

家中成员有子女_____人

居住场所在______________

居住场所周围环境______________

居住场所周围的人群______________

（三）请说明下列问题

我在进行幻游过程中，印象最深刻的画面是________________

我在进行幻游后，对比现在环境最大的不同点是__________

我在进行幻游后，最深的感受是______________________

（四）在进行幻游后，我觉得未来的生涯发展会是怎样的

我认为我未来会从事_____职业。

（五）我的未来是否与幻游过程相关

□是　□不是　□其他

活动二　生涯目标分解

确定了职业生涯目标和职业发展路线之后就需要通过一步一步的实施步骤来促使目标的实现。目标分解是一个衔接长期目标、中期目标和短期目标的有效方法，请根据你设定的自我职业生涯目标和课堂上学习的目标分解的知识制订自己的中期目标和短期目标。见表 3－1。

表 3－1　目标分解表

<table>
<tr><td>姓名</td><td></td><td>年龄</td><td></td><td>年级</td><td></td></tr>
<tr><td>学校</td><td></td><td>专业</td><td></td><td>学习</td><td></td></tr>
<tr><td>规划年限</td><td colspan="2"></td><td>起止时间</td><td colspan="2"></td></tr>
<tr><td colspan="6">职业生涯阶段目标</td></tr>
<tr><td colspan="2">短期目标
（　　年至　　年）</td><td colspan="2">中期目标
（　　年至　　年）</td><td colspan="2">长期目标
（　　年至　　年）</td></tr>
<tr><td colspan="2"></td><td colspan="2"></td><td colspan="2"></td></tr>
</table>

续表

职业生涯阶段目标	
短期目标规划	
中期目标规划	
长期目标规划	

制订了大致的目标分解图之后，请根据你的实际情况和 SMART 原则制订自己短期目标的详细实施步骤。见表 3 – 2。

表 3 – 2 短期目标行动计划

时间	实施计划
年 月—年 月	
年 月—年 月	
年 月—年 月	

续表

时间	实施计划
年　月—年　月	
年　月—年　月	

拓展练习

练习一　人生设计规划图[①]

（一）设计灰姑娘的一生

安徒生笔下的灰姑娘经历了从丑小鸭到白天鹅的变化并最终与王子过上了幸福美满的生活。现在，我们来思考这样一个问题：灰姑娘嫁给王子之后真的就美满幸福了吗？如果灰姑娘仍满意她的婚姻生活，只是不喜欢皇宫生活，那么她将如何规划她的生活呢？

现在，请根据我们给出的年龄段与灰姑娘的居住环境和社会角色，并结合职业发展的阶段理论来自行规划一下灰姑娘的一生，见表3－3。

① 材料引自《生涯规划自己来》，洪凤仪著，扬智文化出版社1998年版。收录本书时有所改动。

（二）根据职业生涯发展的阶段理论并结合自己的人生理想和实际情况，规划一下自己在未来的人生安排，见表3－4。

表3－3 灰姑娘的人生规划

年龄/岁	居住环境与角色	工作与活动	所需技能、态度、人格特质	收入
18～20	环境：破旧的房子；角色：女儿、妹妹			
21～39	环境：城堡；角色：皇后、母亲			
40～59	环境：皇宫、大学；角色：进修者、母亲			
60以后	环境：都市里的豪华大厦；角色：工作者、公民			

表 3－4　自己未来的人生设计

年龄/岁	居住环境与角色	工作与活动	所需技能、态度、人格特质	收入
—				
—				
—				
岁以后				

练习二　职业生涯规划表

结合自己的实际情况，制订自己的职业生涯规划，填写表 3－5 至表 3－9。

（一）自我评估

表 3－5　自我评估表

<table>
<tr><td>职业规划自测结果</td><td colspan="4"></td></tr>
<tr><td rowspan="8">自我分析</td><td colspan="2">性格</td><td colspan="2"></td></tr>
<tr><td colspan="2">兴趣　爱好　特长</td><td colspan="2"></td></tr>
<tr><td colspan="2">情绪　情感　状况</td><td colspan="2"></td></tr>
<tr><td colspan="2">意志力状况</td><td colspan="2"></td></tr>
<tr><td colspan="2">已具备的经验</td><td colspan="2"></td></tr>
<tr><td colspan="2">已具备的能力</td><td colspan="2"></td></tr>
<tr><td colspan="2">现学专业</td><td colspan="2"></td></tr>
<tr><td colspan="2">现有外语、计算机水平</td><td colspan="2"></td></tr>
<tr><td rowspan="9">社会中的自我评估</td><td rowspan="5">对你人生发展影响最大的人</td><td>称谓</td><td>姓名</td><td>职业、职务</td></tr>
<tr><td>父亲</td><td></td><td></td></tr>
<tr><td>母亲</td><td></td><td></td></tr>
<tr><td></td><td></td><td></td></tr>
<tr><td></td><td></td><td></td></tr>
<tr><td rowspan="4">他人对你的看法与期望</td><td>父母</td><td></td><td></td></tr>
<tr><td>亲戚</td><td></td><td></td></tr>
<tr><td>朋友</td><td></td><td></td></tr>
<tr><td>老师</td><td></td><td></td></tr>
</table>

（二）环境与职业分析

表 3－6　环境与职业分析表

<table>
<tr><td colspan="2">人际关系分析</td><td></td></tr>
<tr><td rowspan="5">校园环境对你成才的影响</td><td>学校</td><td></td></tr>
<tr><td>学院（系）</td><td></td></tr>
<tr><td>专业</td><td></td></tr>
<tr><td>班级</td><td></td></tr>
<tr><td>寝室</td><td></td></tr>
<tr><td rowspan="5">描述参加体验的职业状况</td><td>人才供需状况与就业形势分析</td><td></td></tr>
<tr><td>对人才素质的要求</td><td></td></tr>
<tr><td>对人格特质的要求</td><td></td></tr>
<tr><td>对知识的要求和学校中哪些课程对从事该项职业有帮助</td><td></td></tr>
<tr><td>对能力的要求</td><td></td></tr>
</table>

续表

<table>
<tr><td colspan="2">人际关系分析</td><td></td></tr>
<tr><td rowspan="8">描述参加体验的职业状况</td><td>对技能训练的要求</td><td></td></tr>
<tr><td>对资格证书的要求</td><td></td></tr>
<tr><td>每天的工作状况（即工作内容、工作伙伴及感受）</td><td></td></tr>
<tr><td>该岗位的收入状况</td><td></td></tr>
<tr><td>该行业人士对所从事工作的满意与不满意之处</td><td></td></tr>
<tr><td>该职业的发展前景</td><td></td></tr>
<tr><td>建议学校增设哪些课程</td><td></td></tr>
<tr><td>其他</td><td></td></tr>
</table>

（三）确立初步目标

表 3－7　职业目标确定分析表

描述初步职业理想	职业类型		职业名称		具体岗位	
	职业地域		工作环境		工作时间	
	工作性质		工作待遇		工作伙伴	
	职业发展期望					
目标SWOT分析	实现目标的优势					
	实现目标的弱点					
	实现目标的机会					
	实现目标的障碍					

（四）职业生涯策略

表 3－8 职业生涯策略表

步骤		目标分解	提高途径和措施	完成标准
大学期间自我规划	大学总体目标			
	第一学期			
	寒假			
	第二学期			
	暑假			
	第三学期			
	寒假			
	第四学期			
	暑假			
	第五学期			
	寒假			
	第六学期			
	暑假			
	第七学期			
	寒假			
	第八学期			
大学毕业以后				

（五）生涯评估与反馈

表 3－9　评估反馈表

<table>
<tr><td rowspan="5">自我评估</td><td rowspan="2">测评</td><td>学习成绩排名</td><td></td><td>素质拓展总分</td><td></td><td>身体素质状况</td><td></td></tr>
<tr><td>发展性素质测评</td><td colspan="5"></td></tr>
<tr><td>获奖情况</td><td colspan="6"></td></tr>
<tr><td>自我规划落实情况</td><td colspan="6"></td></tr>
<tr><td>经验与教训</td><td colspan="6"></td></tr>
<tr><td colspan="2">父母评价与建议</td><td colspan="6"></td></tr>
<tr><td colspan="2">同学、朋友评价与建议</td><td colspan="6"></td></tr>
</table>

续表

教师评价与建议	
成才外因评估	
职业目标修正	
规划步骤、途径及完成标准修正	

练习三 名片探索

1. 想象一下：自己未来在与别人交流时递给别人的名片是什么样子的？

2. 尽可能全面地设计你的名片，包括正面、反面、颜色、图标、称呼和职务等你所期望的内容。

3. 与他人交换名片并告诉他人你这样设计的原因？你该怎样努力才能达到设计的称呼和职务？

4. 评估一下，要实现以上目的需要具备什么优势？可行性有多大？有什么困难？

5. 自己应该怎样做才能克服这些困难更好地保障目标的实现？

案例分析

未来从幻游开始

阿元是大学四年级学生，英语四级没有过，担心拿不到学位证，对自己的未来一片迷茫。第一次来咨询时，阿元也不清楚最期望解决的问题是什么。感觉每天上课就是一种煎熬，一直以来，他上课睡觉、看小说的时候居多。所幸凭着中学的底子，挂科不多。他英语本来还行，但长期的晒网不打鱼，几次四级都没考过，而且一次比一次成绩差，眼看到了大四，都没信心学好了。

"难道你在大学里，没有一件感觉自豪的事情吗？"

"有，老师一想到找学生帮忙做事，立即就会想到我。我和学院里几个教学管理的老师关系特别好，经常聊天，他们也经常教育我要好好学习，但是现在……"

"那你希望毕业的时候自己是个什么样子？你想找什么样的工作呢？"

"这个……从来没有想过，您问起这些让我感觉心里有些发紧！"

"那我们就做一个练习来看看你的想法。很简单，写一封求职信。在求职信上，写下自己的期望，说明为什么有这样的期望，以及你有什么资格去要求这样的期望。"

"现在就写吗？"

"对，现在就写。"

十分钟后，阿元完成了一份简单的求职信。

随即，咨询师与阿元进行招聘角色扮演练习。阿元起初还有些不好意思，但很快就调整好状态："我期望的工作是进入一家比较知名的专业广告公司，从事平面设计。大学期间，我参加过许多相关培训，曾在几个做设计的工作室兼职，我还比较关注与媒体、传播相关的一些领域的知识。虽然我现在对广告的理解还有欠缺,但是我相信我已经具有较强的学习能力和实践能力,足够胜任这份工作。”

“你已经决定毕业后做平面设计吗?”

“其实我之前并没有这样想,只是特别喜欢玩 Photoshop 之类的软件,还动手做过精美图片送给女朋友,她很喜欢。也在朋友开的工作室帮忙。朋友劝我做这一行,我一直没当真。现在这么一说,我感觉我也许真的适合在这个领域里努力一把!”

“也就是说,你真的给自己定位好毕业后做平面设计工作吗?”

“是的。”阿元很肯定。

“你能不能现在再描述一下你未来投入工作的场景? 是在什么样的环境里? 和什么样的人在一起? 做着什么样的事情?”

阿元对这次自己的未来幻游很兴奋,描述得非常具体,讲完后他说在自己的描绘中感觉到从来没有过的欣慰。

这次咨询结束,要求他将生涯幻游的内容讲给三位好朋友听,并详细记录下来。因为在生涯目标设定中,如果目标只是停留在头脑中,就会经常游移;而如果把目标告诉别人,或者亲自写下来,就可以产生更强的投入意愿与自我承诺。

阿元在一星期内完成了“作业”,他把想法告诉了自己两个要好的朋友,朋友们都非常赞赏。他还把自己的想法告诉给一位关系较好的老师,没想到老师还给他推荐了几个现在正在做广告工作的校友。这让阿元很兴奋。

“你计划好如何达到自己的目标了吗?”

“当然啦,我首先努力学习,把英语四级过了,然后找那几个校友争取多一些设计类的实践机会,最后再强化学习有关设计方面的内容。”

“那么,一年后你需要为毕业时的目标完成些什么呢?”

他没有马上回答,而是在认真思考。

“接下来,你要做的就是把自己这个描绘的目标,细化成一个个可以衡量的目标。这些目标需要可以被量化,需要时间界限,需要有人监督,达成与否需要强化。可以先练习找出一个目标,比如就英语过四级而言,你计划什么时候过?在这之前,你需要怎样来学英语?”

咨询师还介绍了可以很好地细化自己目标的方法:SMART。把所有的目标都用 SMART 的方法进行衡量,如果符合了 SMART 的原则,那么就可以帮助我们达成目标了。

(案例引自《大学生职业生涯规划咨询案例教程》,方伟主编,北京大学出版社 2008 年版。收录本书时有所改动。)

案例评析

一个人若是看不到未来,就掌握不住现在;一个人若是掌握不住现在,就看不到未来。这是生涯规划的本质与精髓。

引导阿元制订属于自己的目标是整个咨询的难点。生活的控制感是源于目标,相信阿元经过了生涯幻游的目标穷尽,已经隐隐找到自己目前人生的控制感。目标虽然可以激励人,但如果目标永远只是目标,就失去了应有的价值。只有一步步达成目标,使目标 SMART 化,并在达成的过程中不时强化,再加上对目标的细化、老师朋友的支持,相信阿元最后一年的大学生活开始重新充满生机。

实用工具

工具一　SWOT 分析法的使用和决策平衡单法

(一) SWOT 分析法

结合教材介绍的 SWOT 分析法,对自己的学习生活与大环境进行研究，制订一份个人的 SWOT 分析报告。见表 3－10、表 3－11。

表 3－10 SWOT 分析表

SWOT 分析		
内部个人因素	优势优点	弱势缺点
外部环境因素	发展机会	阻碍威胁
自己真实的卖点		
总体鉴定		

表 3-11 个人优势与劣势自我测评表

评估维度	评估等级				
	优秀	较好	一般	较差	差
1. 思维和辨识能力	1	2	3	4	5
逻辑思维能力	1	2	3	4	5
综合分析能力	1	2	3	4	5
判断能力	1	2	3	4	5
数据分析能力	1	2	3	4	5
空间思维能力	1	2	3	4	5
2. 知识与技能	1	2	3	4	5
专业知识	1	2	3	4	5
基础知识	1	2	3	4	5
商业知识	1	2	3	4	5
社会知识	1	2	3	4	5
研究开发能力	1	2	3	4	5
实际动手能力	1	2	3	4	5
交际能力	1	2	3	4	5
书面表达能力	1	2	3	4	5
口头表达能力	1	2	3	4	5
团队合作能力	1	2	3	4	5
领导能力	1	2	3	4	5
创新能力	1	2	3	4	5
学习能力	1	2	3	4	5

续表

评估维度	评估等级				
	优秀	较好	一般	较差	差
信息搜集能力	1	2	3	4	5
新技术应用能力	1	2	3	4	5
解决问题能力	1	2	3	4	5
压力管理能力	1	2	3	4	5
自我平衡能力	1	2	3	4	5
3. 学习和工作效率	1	2	3	4	5
学习和办事的条理性或计划性	1	2	3	4	5
时间管理的有效性	1	2	3	4	5
学习和工作效率与效果	1	2	3	4	5
4. 个人发展	1	2	3	4	5
自信	1	2	3	4	5
自律	1	2	3	4	5
自立	1	2	3	4	5
责任	1	2	3	4	5
诚信	1	2	3	4	5
了解自己(优势和劣势)	1	2	3	4	5
渴望继续学习	1	2	3	4	5

完成 SWOT 分析后请回答下面问题：

1. 在学习和生活中应该如何充分发挥自己的强项？如何进一步发展这些强项？自己的弱项应该如何弥补？

2. 针对就业的压力和威胁，可以做些什么来降低威胁的程度？

（二）决策平衡单法

思考一下你现在对于哪一些事情的决策犹豫不决，尝试用决策平衡单法看看能否解除你心中的犹豫。

在这里我们给出了你可能在决策中需要考虑的因素，你也可以根据自己的实际情况进行添加，通过使用决策平衡单知晓到底应该如何取舍。见表 3－12、表 3－13。

表 3－12　可能考虑到的影响因素

个人物质方面得失	他人物质方面得失	个人精神方面得失	他人精神方面得失
（1）收入 （2）工作的难度 （3）升迁机会 （4）工作环境的安全 （5）休闲时间 （6）生活变化 （7）健康影响 （8）就业机会 （9）其他	（1）家庭经济 （2）家庭地位 （3）与家人相处时间 （4）其他	（1）生活方式的改变 （2）成就感 （3）自我实现程度 （4）兴趣满足度 （5）挑战性 （6）社会声望 （7）其他	（1）父母 （2）师长 （3）配偶 （4）其他

表 3-13 决策平衡单

选择项目 / 考虑因素			项目一		项目二	
	具体因素	权重(15)	评分	加权得分	评分	加权得分
个人物质方面得失	因素 1					
	因素 2					
	因素 3					
	因素 4					
他人物质方面得失	因素 1					
	因素 2					
	因素 3					
	因素 4					
个人精神方面得失	因素 1					
	因素 2					
	因素 3					
	因素 4					
他人精神方面得失	因素 1					
	因素 2					
	因素 3					
	因素 4					
合计总分						

工具二 决策风格探索

(一)决策风格测评

每一个人都有自己的决策风格。在职业决策过程中,不同的职业决策风格往往导致不同的决策结果。职业规划专家丁克里奇(Dinklage)将人的决策风格分为八种,而且每一种具有对应的行为特征和优势,见表 3-14。

表 3-14　丁克里奇决策风格分类

决策类型	说明	行为特征	优势
冲动型	基于冲动的决策过程,决策时往往选择第一个遇上的方案	不考虑后果,先做了再说	无需花时间找数据
宿命型	决策者不愿意自己作决定,而是把决定的权力交给命运或他人,认为做什么选择都是一样的	船到桥头自然直,车到山前必有路,万事皆时运	不必自己负责,减少冲突
顺从型	自己想作决策,但无法坚持己见,常屈服于权威指示和决定	你说好,我就认为好	维持表面的和谐
延迟型	了解问题的所在,但常常将决策的时间推迟到最后	不着急,还有好多时间	延长决策的时间
直觉型	根据感觉来进行决策,而不是理性的思考,只考虑自己的而不在乎外在因素	感觉不错,就这么定了	简单省事
瘫痪型	害怕作决策的后果,不愿意承担责任,通过麻痹自己来逃避决策	我知道自己该怎么做,但是我办不到	可以暂时不做决定

续表

决策类型	说明	行为特征	优势
烦恼型	选择的项目太多，无法从中取舍，经常处于挣扎的状态，下不了决心	万一错了怎么办	搜集充分完整的信息
计划型	综合考虑自己的内在需求和外部环境要求以做出决策	我命由我不由天	积极主动，面对问题，解决问题

描述自己的一些个人经历，并通过这些经历判断自己属于哪一种决策风格类型。

____

____

____

____

____

____

____

____

____

（二）决策风格反思

孩子和火车的故事

设想这样一个场景：在一个地方有两条铁轨，这两条铁轨中的一条已经废弃,另一条还在继续使用。有一天,一群小朋友相约来到铁轨上玩耍,在这些小朋友中只有一个孩子说废弃的铁轨是安全的,并坚持在这条铁轨上玩耍,而剩下的孩子则不管这个问题选择了在用铁轨。就这样,十几分钟的时间过去了,这个时候载满乘客的火车快速地向玩耍的孩子们开来,而你恰好就在铁轨的切换器旁边。由于火车的速度较快,让火车停下来已经是不可能的了,你唯一可以做的就是操纵切换器,让火车变轨行驶。这样做的结果是你拯救了在在用铁轨上玩耍的孩子,而让废弃铁轨上的那个孩子牺牲掉了。面对这样的场景你该如何去做呢?操纵切换器,还是不操纵切换器?分析一下形势,仔细想想并给出你的答案。

据说大多数人会选择改变火车轨道,选择牺牲那名在废弃铁轨上玩的孩子。因为,无论从道义上还是情感上,以一个孩子的代价来挽救大多数孩子的生命会是大多数人理性的决定。但是,你是否想过,那名选择在废弃铁轨上玩的小孩显然做出了正确的决定——在安全的地方玩,而他却不得不为那些选择在危险的地方玩的朋友们去牺牲。类似的情况在我们的生活中也时有发生:在办公室、团体里,少数人常常为了多数人的利益而牺牲自己,无论那些多数人是多么错误和无知,无论少数人多么有远见卓识。

那么怎样的决定是正确的呢?正确的决定是:不要试图让火车变道。因为在在用铁轨上玩的孩子们当然知道铁轨正在使用,如果他们听到火车鸣笛,自然会跑开。但如果将轨道切换后,那么乖小朋友必定惨死,因为他从来没想过火车还会开到废轨道上,而且,火车轨道之所以被废弃,肯定是因为它也是不安全的。如果火车被切过去了,整车的乘客可能被置于危险之中。在你试图用牺牲一个小孩的生命来挽救几个小孩的时候,你可能是在用整车的乘客来挽救这几个小孩。

我们都知道生活中充满着艰难的决定需要我们去做,我们可能没有意识到,匆忙做出的决定并不总是正确的。正确的不总是大家都支持的那一个，大家都支持的不见得总是正确的。

工具三　CASVE 循环

请使用 CASVE 循环来分析你即将面临的选择选修课问题或职业决策问题，可以通过参考以下问题来进行。

1. 我是怎样意识到这一需求的？

2. 我该如何分析这个问题并与别人沟通和搜集相关信息（包括自己的和别人的解决这个问题的信息）？

3．我该如何形成解决方案？

4．我制订的方案评判标准和作出的选择是什么？

5. 我该怎样落实行动？方案的执行可能遇到什么困难？

6. 方案执行一段时间后评价一下这个决策过程，对结果的满意程度如何？如果不满意，哪个环节出现了问题？

7. 在分析了自己的决策过程之后，对自己的决策模式有了什么新的发现？有什么经验或教训？

工具四 五步规划法

五步规划法主要是指通过自我提问的五个问题：我是谁、我想干什么、我能干什么、环境允许我干什么、我最终的职业目标是什么，来进行自己的大致人生规划的一种方法。

具体步骤为：

（一）我是谁

进行自我反省，反省内容包括自己的性格特征、优势劣势等，都应一一列出。

综合评价：

优势：

劣势：

（二）我想干什么

认真思考一下自己的个人兴趣爱好，并将其写下来。尽管每个人在不同的阶段会有不同的兴趣和目标,但是随着阅历的增长,这些兴趣爱好会逐渐固定下来,并伴随一生。

(三)我能干什么

思考自己的能力和潜力,并将其写在下面。一个人的能力决定着这个人的职业成功与否,而潜力则意味着他的职业发展空间的大小。了解一个人的潜力可以从他对事的兴趣、做事的韧力、临事的判断以及知识结构是否全面和学习能力等方面入手。

（四）环境允许我干什么，提供的机会和面临的威胁是什么

机会：

威胁：

（五）我最终的职业目标是什么

明晰了前面四个问题之后，请从各个问题中寻找对实现有关职业目标有利或不利的条件，列出不利条件最少的而且自己想做又能做好的职业目

标。最后还要注意还有哪些职业值得去关注。

职业一	职业二
职业三	职业四
职业五	职业六

第四篇　职业素质提升

实训目的

个体职业素质的提升有利于加快职业目标的实现。本篇将通过课堂案例讨论、能力训练等内容，提高学生对职业意识、职业化能力的认识；通过课后的案例分析、能力成就记录、能力倾向测试，使学生对自身进行审视和检测，提高对自我职业能力的认知，并在此基础上结合自身职业规划找到提升职业能力的途径。

实操活动

活动一　职业意识讨论

（一）讨论材料

央视90后实习生拒帮订盒饭：我是来实习导演的

一位网友在微博上讲述了一起实习生"拒订盒饭"事件：在一次电视台策划会上，主任对一名实习生说："麻烦你开完会给大家订盒饭，按人头，我请客。"结果该实习生认真地说："对不起，我是来实习导演的，这种事我不会做的。"

这条微博被多次转发并引起人们对“90后”这个群体的热议。不少网友纷纷跟帖“吐槽”身边的“90后”实习生：不懂礼貌、太自我、目的性强、不会与人相处……

不少“90后”也很不服气：社会是平等的，是你们的观念出了问题！

外科医生李辉（化名）也有过和那位电视台主任几乎相同的遭遇。在指导自己的一名实习生时，李辉让他早点来做准备工作，进手术室前辅助消毒和灭菌，没想到竟被拒绝了。这名实习生说：“我是大学生，是来学开刀的，又不是专门做清洁的。”

“他们眼高手低，不愿意做这些最基本的事情。”在李辉看来，现在的这些实习生大多不懂礼貌、语气生硬，“根本不把我们老同志放在眼里。”

1992年出生的易�薇对于“订盒饭”事件却有着完全不同的看法，她觉得，在中国社会，老一辈人的思想过于陈旧，缺乏人权、平等和社会分工意识，在单位里，老同志欺负新人都成了理所当然。“其实这些杂事本来就应该让行政、后勤的人去做。”

（材料引自《现代快报》2012年11月6日A3版。收录本书时有所改动。）

（二）讨论内容

1. 如果你是那位被要求订盒饭的大学生，你会怎么做？
2. 如果你是那位被大学生“顶回来”的主管，你会对大学生说些什么？
3. 自我意识和职业意识之间如果发生冲突，该如何处理？

活动二　职业能力综合训练

（一）阅读背景材料

1953年11月13日，丹麦首都哥本哈根。

凌晨2时15分,电话铃响了,22岁的拉斯马森拿起话筒。

拉斯马森听到一个声音,听上去像是位老太婆。

“我摔倒了,摔在地毯上,动不了啦。我在公寓里。”

“请把您公寓的地址或电话号码告诉我们!”

“我……地址和电话,我都想不起来!”

拉斯马森试了多种找出老太太位置的方法,他试图通过邮局找出老太太的电话号码,也试着让老太太叫醒她的邻居,还试着让老太太回忆她的医生的名字,而这一切,都失败了。

他找来了中尉,中尉问:“喂,夫人,您在房间都看到什么了?”

“镶木地板,老式的打蜡地板。”

“这么说,您住的是老式房子!……您房间里有窗户吗?”

“有……就在我对面。窗户又窄又高,没有窗帘。我隐约看到好像马路上有灯光。”

中尉大声地向拉斯马森说:

“寻找一幢窗户狭长的老式房子。房子的窗口有灯光,大约在二、三层……否则,她分辨不出路灯亮着没有。”

“可我们还是不知道她住在哪个区啊?”

然而老太太再也不搭腔了。她没有把电话挂上,大概又晕过去了。

这时,拉斯马森羞答答地开了腔:“中尉,我倒有个想法……”

半个小时后,14辆轻便消防车同时出动,开往依然沉睡着的各个街区。警笛不断响着,每一辆车都得跑遍一个区的大小街道。在指挥部里,拉斯马森把电话筒贴在耳朵上。他希望能听到从老太太还未挂上的电话里传来警笛声。3刻钟后,拉斯马森突然惊叫道:

“中尉,我听见警笛声了!声音很低,可是很清晰!消防车大概就在离那儿不远的一条街上!”

中尉用无线电报话器命令:“1号车!停止鸣笛!2号车,停止鸣笛!3

号车……8 号车……”

依次往下，当第 12 号车停止鸣笛时，拉斯马森惊呼起来：“就是这儿！”

“12 号车继续鸣笛行驶！其余车辆一律停止鸣笛。”中尉命令道。

12 号车又开始搜索起来。突然，通过老太太家里的电话听筒，可以清清楚楚地听到 12 号车的警笛声。

“12 号车，我们要找的人家就在你那条街上！快去寻找有灯光的窗户！”

“指挥部，我是 12 号车。这会儿全区都惊动了，所有的窗户都亮着灯！”

“12 号车，用扩音器说明一下理由，让这条街上所有的灯都熄掉！最后亮着灯的一定是老太太的家！”

10 分钟后，拉斯马森的电话里听到了撞破房门的声响，继而是一位消防员的话音，他从血泊中捡起了电话耳机：

“喂？指挥部吗？我们已到现场！我们现在就送她去医院！”

这位老太太名叫埃伦·索恩代尔，72 岁，下肢已瘫痪多年。在医院里她总算得救了，并逐渐恢复了记忆。为了拯救这位老太太的生命，一位年仅 22 岁的见习消防队员的意见，竟把全城的人从睡梦中惊醒了。不过，这还是值得的。

（材料引自《现代青年》2006 年 11 期，［法］P. 贝勒马尔 J. 安托尼著，汪宗虎、陈积盛译。收录本书时有所改动。）

（二）能力训练内容

以 4 ~ 5 人为 1 组，进行综合能力训练。请仔细阅读表 4 - 1 中的事件描述，小组成员内部充分讨论，由一人执笔，首先从“障碍 5”开始写出可能遇到的其他障碍，然后在“思路和方法”一栏按步骤写出可能的解决途径，在“可能得到的帮助”一栏写出可能寻求哪些帮助，最后在“系统解决思路”一栏写出系统的解决思路。

表 4－1 能力训练内容

	问题描述	思路和方法
背景	你是某公司销售部的一名新员工，刚到公司不久。公司销售面向化工企业的甲、乙两种生产设备。你的职位是销售助理，日常工作是协助一位销售工程师张明准备甲设备的技术资料，由张明告诉你客户的需求，你根据客户需要写出向客户推销甲产品的数量、技术参数、使用条件等内容的技术建议。昨天，你刚刚第一次完成了一份完整的技术建议书，并得到了张明的肯定	
目标	早上 9 时，你刚到办公室，突然接到另一位销售工程师贾强的一个短信，信息内容是：请帮我完成××公司需要的乙产品的技术建议书，并在上午 11 时前送到××公司，紧急	
障碍 1	你马上联系贾强，但他的手机始终不在服务区	
障碍 2	你联系上正在出差的张明，他说，我正在参加一个重要的投标，10:30 以前不能打扰我	
障碍 3	贾强平时没有销售助理，他的销售文件准备工作都是他自己完成。其他销售人员对他的客户也不清楚	

续表

	问题描述	思路和方法
障碍4	虽然甲产品和乙产品设备功能相近，但技术参数有很多不同，面向的客户群也有所不同，你对乙产品并不精确了解	
障碍5		
障碍6		
障碍7		
障碍8		
可能得到的帮助		

续表

系统解决思路

拓展练习

成就事件练习

写下你生活中的五个或者更多的成就事件，这些“成就事件”不一定是工作或者学习上的，也可以是课外活动或者家庭生活中发生的，比如说同学聚会、一次美好难忘的旅游等，它们不必是惊天动地的大事，可以是你做过的让你感兴趣的事情，或者让你有历险感的或有成就感的事件，把这些内容写在表4－2“我的成就记录表”中。

表 4－2　我的成就记录表

成就＼年龄	付酬的和没付酬的或是志愿工作上的成就	学校、学业和课外的成就	在家庭、信仰、娱乐、爱好、个人兴趣方面的成就	人际关系，在家庭与社交上的成就
20～21				
18～19				
16～17				
14～15				
12～13				
10～11				
0～9				

在撰写成就故事时，应当包含以下因素。

1. 你想达到的目的，即需要完成的事情。

2. 你面临的障碍、局限。

3. 你的具体行动步骤，描述一下你每一步都做了什么（你是如何克服障碍，实现目标的）。

4. 对结果的描述，即你取得了什么成就，最好能够量化评估。

完成后，和小组成员一起分析这些成就事件中你所运用的技能。这些经历中反复出现的技能就是你喜欢运用的技能，按照这些技能出现的频率排序。

举例：

(1) 销售报纸：在大学一年级暑期实践中，曾在两周内售出报纸共收入 700 元，并鼓励其他同学一起参加这项销售活动。

识别的技能：有说服力的、持之以恒的推销手段。销售、市场经营能力。

(2) 当选班干部：高中时通过演讲赢得了其他同学的选票。在竞选时承诺：当他们和老师出现麻烦时，我将提供帮助。而且，我保证会经常组织班级活动、外出游玩等。

识别的技能：说服同学支持自己，成功地赢得班级竞选。积极支持、热情地推进班级活动的召开。领导、语言、口头表达能力。

详见表 4－3。

表 4－3 成就记录表（范例）

成就 / 年龄	付酬的和没付酬的或是志愿工作上的成就	学校、学业和课外的成就	在家庭、信仰、娱乐、爱好、个人兴趣方面的成就	人际关系，在家庭与社交上的成就
20～21	为社区办了宣传栏	在学生会健身比赛中担任宣传员，第二学期的总评成绩为优秀	绘画比赛得了第二名	经过尝试终于帮助了一位朋友

续表

成就 年龄	付酬的和没付酬的或是志愿工作上的成就	学校、学业和课外的成就	在家庭、信仰、娱乐、爱好、个人兴趣方面的成就	人际关系，在家庭与社交上的成就
18～19	假期参加城市展会当引导员，这份工作赚了1 000元	在省英语演讲比赛中取得第三名，担任院学生会主席	制作手工艺品并作为礼物送给家人，修好了家里的电热水器	与一位原以为讨厌我的老师交上了朋友
16～17	暑假在快餐店打工，为店里制作宣传单	在学校的集会上发表演讲，制作年级毕业纪念册	获得高三年级奖学金	协调毕业生晚会组织委员会，吸收会员一起工作
14～15	在亲戚的杂货店工作了很长一段时间	担任初一年级的班长，科学作业得了“A”	自己写了一本小说	在爷爷生病的时候照顾他
12～13	向同班同学推销文具	担任生活委员管理班级绿化，成为全校绿化最优班级	录制了一盘自己的歌唱CD，每周为家里做一顿饭	组织了一个漫画小组
10～11	暑假靠捡瓶子和废纸挣了100元	因为数学有很大进步受到老师的表扬	做了一个飞机模型	
0～9		参加学校舞蹈演出活动	在春游爬山比赛中得了第一名	在小姨家待了三个星期（虽然我不想待在那儿）

案例分析

专业与职业

小李是学计算机专业的，虽然这是个热门专业，但她并不喜欢。所以毕业后，虽然找到一家公司，从事一份看起来稳定的计算机系统维护工作，但她觉得不是自己的理想，于是辞职了。之后，她做过数据分析、软件设计等工作，但还是没有找到符合自己的兴趣特长、适合自己发展的职业方向，觉得自己生活和事业都没有动力。一个偶然的机会，她进行了职业测评，在测评中发现自己美术能力很强。小李突然想起了自己小时候就非常喜欢的美术学习，自己还学过一段时间绘画，可是后来由于学习压力太大放弃了。她决定试试这个方向的工作，花了半年时间学习电脑图形制作和绘画，她找到一个广告公司进行美术设计的工作。一年下来，她对自己从事这行更有信心了，于是在工作之余不断提高自己的设计水平，更向动漫制作方向发展。由于自己对计算机方面知识的熟悉，对她提高制作很有帮助，五年之后，小李已经成为一个小有名气的动漫设计师。

小王学的是电子商务专业，在上学期间就在一家电子商务公司兼职。但他更想做金融方面的工作。然而，从电子商务到金融的跨度太大了，如果不进行系统的专业学习，仅靠短期的培训是没有办法达到他的职业理想的。后来，他来到一家进行金融理财产品推广的互联网公司，主要进行理财产品的网上推广和客户管理工作。虽然小王并没有进入他所向往的传统金融行业，但他现在非常喜欢自己的工作，觉得这个工作很有发展前景。

年龄相同、专业相似的两个大学生，在转行问题上却是一个近期“能行”，一个“不能行”，因为转行时，原来的工作与新的工作之间有一个跨度很大的鸿沟，这个鸿沟有的人可以跨越，有的人不能跨越，需要自己认真思考，合理定位。

（案例引自《大学生职业生涯规划咨询案例教程》，方伟主编，北京大学出版社 2008 年版。收录本书时有所改动。）

案例评析

1．你喜欢自己目前的专业吗？如果要在与本专业相近的行业内工作，你的职业目标是什么？要达到这样的目标，自己还应该拓展哪些方面的能力？

2．如果你考虑转行，最理想的目标行业是什么？要进行这样的转行，在能力拓展方面应该做哪些努力？自己能力拓展的时间安排是怎样的？

实用工具

能力倾向测试

（一）测验目的

目的在于测试在许多职业领域中工作所必需的几种能力倾向。

这套测试由 15 种分测试构成，可以测定 9 种能力倾向。这 9 种能力倾向对完成各种职业的工作是必要的。

（二）测试内容

每种能力由一组相关的 5 道题目反映。测试时，请仔细阅读每一问题，根据自己的实际情况进行评定。该测试的评分标准由1—5 分五级评分，能力弱则得分低，能力强则得分高。见表4－4～表 4－13。

1．一般学习能力倾向(G)

表 4－4　一般学习能力倾向

序号	内容	强 1 分	较强 2 分	一般 3 分	较弱 4 分	弱 5 分
1	快而容易地学习新内容					
2	快而正确地解答数学题					
3	你的学习成绩处于					
4	对课文的字、词、段落、篇章的理解、分析和综合能力					
5	对学过的知识的记忆能力					
	总计次数 = ∑(每项次数之和 × 等级分数)					
	自评等级 = 总计次数/5					

2．言语能力倾向(V)

表 4－5　言语能力倾向

序号	内容	强 1 分	较强 2 分	一般 3 分	较弱 4 分	弱 5 分
1	善于表达自己的观点					
2	阅读速度和理解能力					
3	掌握词汇量的程度					
4	你的语文成绩					
5	你的文学创作能力					
	总计次数 = ∑(每项次数之和 × 等级分数)					
	自评等级 = 总计次数/5					

3. 算术能力倾向(N)

表4－6　算术能力倾向

序号	内容	强 1分	较强 2分	一般 3分	较弱 4分	弱 5分
1	做出精确的测量					
2	笔算能力					
3	口算能力					
4	珠算能力					
5	你的数学成绩					
	总计次数＝∑(每项次数之和×等级分数)					
	自评等级＝总计次数/5					

4. 空间判断能力倾向(S)

表4－7　空间判断能力倾向

序号	内容	强 1分	较强 2分	一般 3分	较弱 4分	弱 5分
1	解决立体几何方面的问题					
2	画三维度的立体图形					
3	感知几何图形的立体感					
4	想象盒子展开后的平面图					
5	想象三维度的物体					
	总计次数＝∑(每项次数之和×等级分数)					
	自评等级＝总计次数/5					

5. 形态知觉能力倾向(P)

表 4-8 形态知觉能力倾向

序号	内容	强 1分	较强 2分	一般 3分	较弱 4分	弱 5分
1	发现相似图形中的细微差别					
2	识别物体的细节部分					
3	注意物体的细节部分					
4	观察物体的图像是否正确					
5	对物体的细微描述					
	总计次数 = ∑(每项次数之和×等级分数)					
	自评等级 = 总计次数/5					

6. 书写知觉能力倾向(Q)

表 4-9 书写知觉能力倾向

序号	内容	强 1分	较强 2分	一般 3分	较弱 4分	弱 5分
1	快而准确地抄写资料(如姓名、日期、电话号码等)					
2	发现错别字					
3	发现计算错误					
4	能很快查找编码卡片					
5	自我控制能力(如较长时间抄写资料)					
	总计次数 = ∑(每项次数之和×等级分数)					
自评等级 = 总计次数/5						

7. 眼手运动协调能力倾向(K)

表 4-10 眼手运动协调能力倾向

序号	内容	强 1 分	较强 2 分	一般 3 分	较弱 4 分	弱 5 分
1	玩电子游戏					
2	篮球、排球和足球等一类运动					
3	乒乓球、羽毛球运动					
4	珠算能力					
5	打字能力					
	总计次数 = ∑(每项次数之和 × 等级分数)					
	自评等级 = 总计次数/5					

8. 手指灵巧度(F)

表 4-11 手指灵巧度

序号	内容	强 1 分	较强 2 分	一般 3 分	较弱 4 分	弱 5 分
1	灵巧地使用很小的工具					
2	穿针眼、编织等使用手指的活动					
3	动手做一件小工艺品					
4	使用计数器的灵巧程度					
5	弹琴					
	总计次数 = ∑(每项次数之和 × 等级分数)					
	自评等级 = 总计次数/5					

9．手腕灵巧度(M)

表 4－12　手腕灵巧度

序号	内容	强 1 分	较强 2 分	一般 3 分	较弱 4 分	弱 5 分
1	用手把东西分类					
2	在推拉东西时手的灵活度					
3	很快地削苹果皮					
4	灵活地使用手工工具					
5	在绘画、雕刻等手工活动中的灵活度					
	总计次数 = ∑(每项次数之和 × 等级分数)					
	自评等级 = 总计次数/5					

10．职业能力倾向自评等级

表 4－13　职业能力倾向自评等级

职业能力倾向	自评等级	职业能力倾向	自评等级
G		Q	
V		K	
N		F	
S		M	
P			

测试结果：

1．计算出每一种能力的平均分后，从高到低依次排列你的能力倾向

(按照大写字母排列)。

____

2. 根据自己的实际情况,找出相关的证据来支持上一步的能力的排序。依次写下你能力较强或者较弱的实际证据。

____

____

____

____

____

____

____

____

____

____

3. 表 4-14 列出了不同职业对各类能力等级的要求,根据结果对照该表,可找到你适合的职业(等级数为能力倾向等级,表示此职业必须达到的职业能力的最低水平)。同时也能找出目前自己能力水平与目标职业要求之间的差距。

表 4-14 职业能力倾向

职业类型	职业能力倾向								
	G	V	N	S	P	Q	K	F	M
生物学家	1	1	1	2	2	3	3	2	3
建筑师	1	1	1	1	2	3	3	3	3
测量员	2	2	2	2	2	3	3	3	3
测量辅导员	4	4	4	4	4	4	3	4	3
制图员	2	3	2	2	2	3	2	2	3

续表

职业类型	职业能力倾向								
	G	V	N	S	P	Q	K	F	M
建筑和工程技术专家	2	2	2	2	2	3	3	3	3
建筑和工程技术员	2	3	3	3	3	3	3	3	3
物理科学技术专家	2	2	2	2	3	3	3	3	3
物理科学技术员	2	3	3	3	2	3	3	3	3
农业、生物、动物、植物学的技术专家	2	2	2	4	2	3	3	2	3
农业、生物、动物、植物学的技术员	2	3	3	4	2	3	3	3	3
数学家和统计学家	1	1	1	3	3	2	4	4	4
系统分析家和计算机程序编制者	2	2	2	2	3	3	4	4	4
经济学家	1	1	1	4	4	2	4	4	4
社会学家、人类学家	1	1	3	2	2	3	4	4	4
心理学家	1	1	2	2	2	3	4	4	4
历史学家	1	1	3	4	4	3	4	4	4
哲学家	1	1	4	3	3	3	4	3	4
政治学家	1	1	3	4	4	3	4	4	4
政治经济学家	2	2	2	3	3	3	3	3	5
社会工作者	2	2	3	4	4	3	4	4	4
社会服务助理人员	3	3	3	4	4	3	4	4	4
法官	1	1	3	4	3	3	4	4	4
律师	1	1	3	4	4	3	4	4	4
公证人	2	2	3	4	4	3	4	4	4

续表

职业类型	职业能力倾向								
	G	V	N	S	P	Q	K	F	M
图书馆管理学专家	2	2	3	3	4	2	3	4	4
图书馆、博物馆和档案管理员	3	3	3	2	2	4	3	2	3
职业指导者	2	2	3	4	4	3	4	4	4
大学教师	1	1	3	3	2	3	4	4	4
中学教师	2	2	3	4	3	3	4	4	4
小学和幼儿园教师	2	2	3	3	3	3	3	3	3
职业学校教师(职业课)	2	2	2	3	3	3	3	3	3
职业学校教师(普通课)	2	2	3	4	3	3	4	4	4
内科、外科、牙科医生	1	1	2	1	2	3	2	2	2
兽医学家	1	1	2	1	2	3	2	2	3
护士	2	2	3	3	3	3	3	3	3
护士助手	2	4	4	4	2	2	2	3	2
工业药剂师	2	1	2	3	2	2	3	2	3
医院药剂师	2	2	2	4	2	3	3	3	3
营养学家	2	2	2	3	3	3	4	4	4
配镜师(医)	2	2	2	2	2	3	3	3	3
配眼镜商	3	3	3	3	3	4	3	2	3
放射科技术人员	3	3	3	3	3	3	3	3	3
药物实验室技术专家	2	2	2	3	2	3	3	2	3
药物实验室技术员	2	3	3	3	3	3	3	3	3
画家、雕刻家	2	3	4	2	2	5	2	1	2
产品设计者和内部装饰者	2	2	3	2	2	4	2	2	3

续表

职业类型	职业能力倾向								
	G	V	N	S	P	Q	K	F	M
舞蹈家	2	3	3	2	3	4	2	2	3
演员	2	2	4	3	4	4	4	4	4
电台播音员	2	2	3	4	4	3	4	4	4
作家和编辑	2	1	3	3	3	3	4	4	4
翻译人员	2	1	4	4	4	3	4	4	4
体育教练	2	2	2	4	4	3	4	4	4
运动员	3	3	4	2	3	4	2	2	2
秘书	3	3	3	4	3	2	3	3	3
打字员	3	3	4	4	4	3	3	3	3
记账员	3	3	3	4	4	2	3	3	4
出纳员	3	3	3	4	4	2	3	3	4
统计员	3	3	2	4	3	2	3	3	4
电话接线员	3	3	4	4	4	3	3	3	3
一般办公室职员	3	4	3	4	4	3	3	4	4
商业经营管理者	2	2	3	4	4	3	4	4	4
售货员	3	3	3	4	4	3	4	4	4
警察	3	3	3	4	3	3	3	4	3
门卫	4	4	5	4	4	4	4	4	4
厨师	4	4	4	4	3	4	3	3	3
招待员	3	3	4	4	4	4	3	4	3
理发员	3	3	4	4	2	4	3	3	3
导游	3	3	4	3	3	5	3	3	3
驾驶员	3	3	3	3	3	3	3	4	3

续表

职业类型	职业能力倾向								
	G	V	N	S	P	Q	K	F	M
农民	3	4	4	4	4	4	4	4	4
动物饲养员	3	4	4	4	4	4	4	4	4
渔民	4	4	4	4	4	5	3	4	3
矿工	3	4	4	3	4	5	3	4	3
纺织工人	4	4	4	4	3	5	3	3	3
机床操作工	3	4	4	3	3	4	3	4	3
锻工	3	4	4	4	3	4	3	4	3
无线电修理工	3	3	3	3	2	4	3	3	3
细木工	3	3	3	3	3	4	3	4	3
家具木工	3	3	3	3	3	4	3	4	3
一般木工	3	4	4	3	4	4	3	4	3
电工	3	3	3	3	3	4	3	3	3
裁缝	3	3	4	3	3	4	3	2	3

4. GATB 的职业能力倾向类型及其适合的职业类型

以上 9 种能力可以分别构成 15 种职业能力倾向类型，每种职业能力倾向类型对应一种胜任的职业类型。

（1）G－V－N　人文系统的专业职业

（2）G－V－Q　特别需要言语能力的事务职业

（3）G－N－S　自然科学系统的专门职业

（4）G－N－Q　需要数字能力的一般事务职业

（5）G－Q－K　机械事务性职业

（6）G－Q－M　机械装置的操纵、运转及警备、保安职业

(7) G－Q　需要一般性判断和注意力的职业

(8) G－S－P　美术作业的职业

(9) N－S－M　设计、制图作业及电气职业

(10) Q－P－F　制版、描图的职业

(11) Q－P　检查分类职业

(12) S－P－F　造型、手指作业的职业

(13) S－P－M　造型、手臂作业的职业

(14) P－M　手臂作业的职业

(15) K－F－M　视觉作业、身体性作业的职业

了解个人的职业能力倾向类型,对于选聘和任用职业人员十分重要,既可了解不同个体在能力上的差异,又能指导人们在行业中去选择适合自己发展的领域。

附录一

成都理工大学大学生职业规划大赛介绍

一、大赛简介

成都理工大学大学生职业规划大赛是由校学生工作部(处)、校团委主办,成都理工大学职业经理研究所承办的面向全校大学生的一项活动。

从2006年开始,大学生职业规划大赛在成都理工大学(以下简称"理工大")已经成功举办了六届,每届参与活动的学生人数多达上千人,大赛历时一个多月,经过初赛、复赛、总决赛三轮筛选,最后从参赛者中选出十人参加总决赛,评选出一、二、三等奖获得者;七年来,通过六届职业规划大赛,树立了大学生正确的职业发展观念,提高了大学生的职业规划能力,构建出一套提升大学生综合素质和就业竞争力的选拔和培养体系,成为大学生增强职业规划意识、提升职业化能力、提高就业竞争力的重要途径,使职业规划的理念深入理工大学子的心中,并且成为理工大每年度的大学生特色品牌活动。

通过大赛,帮助学生认识自我、完善自我、科学规划、提高素质;拓宽大学生的视野和就业渠道,树立科学的就业观念,搭建就业平台;缓解大学生就业的心理压力,选择适合自己的职业发展路线。

二、大赛流程

(一)初赛阶段

活动环节:启动仪式暨公开辅导

活动目的:通过主办方负责人的讲解、上届参赛者的参赛感言及专家对职业规划知识的讲授,让学生深入了解职业规划的意义和科学的职业规划方法,提高学生职业规划意识,激发职业规划的参与热情。

(二)复赛阶段

环节一:规划之星交流活动

活动目的:邀请上几届部分一、二、三等级奖获得者讲述参赛心得,与本届参赛者进行交流互动,使参赛者能更深刻地了解活动的宗旨,以及活动对于大学生职业生涯的重要意义。

环节二:公开辅导

活动目的:专家对选手的职业规划书和个人简历设计中的具体问题进行现场讲解与辅导,针对性地解决选手和广大学生在职业规划中的问题和困惑。

环节三:综合测试

活动目的:通过相关的测评软件,让学生从人格特质、职业兴趣、价值观等方面对自我进行科学的评价。并请专家对学生的测评结果进行专业解读,让学生在自我评价和专家评价中进行比较,找出差距,帮助其更好地认知自我,为进行个人的职业规划奠定基础。评价软件采用北京北森测评技术有限公司的测评软件。

环节四：校企面对面

活动目的：通过学生与企业老总或人力资源经理面对面的互动交流，使学生了解企业最需要什么样的人以及这些人应具备的职业素质和能力。

环节五：校友面对面

活动目的：通过与理工大比较成功的校友进行面对面交流，让校友的亲身经历给在校学生一些启示和激励，帮助学生解答学习和生活中的疑问和困惑，帮助学生更好地认识大学、认识社会和职场，从而规划自己的未来。

经过以上环节的活动，进入初赛的50名同学对自己的人生有了新的认识，组委会要求50名同学重新修改作品并再次提交，大赛评委将按照评分标准进行严格的评分，最后选出20名同学入围决赛。

（三）决赛阶段

环节一：户外拓展训练

活动目的：通过专业拓展教练组织20强选手开展户外拓展训练，以增强20强选手的团队合作能力、沟通能力、创新能力与执行能力，同时，通过20强选手的表现，由教练和专业评估人员就选手的综合素质和能力进行评分。

环节二：职场礼仪培训

活动目的：专业培训师就职场礼仪及面试礼仪对20强选手进行专业训练，选手通过培训掌握了职场中应具备的礼仪要求，以及模拟招聘环节的面试的礼仪规范。

环节三：模拟招聘

活动目的：通过采用现代企业中常用的评价中心技术方法。结构化面试法和无领导小组讨论法,对选手进行面试测试,以考察选手的综合素质和能力。

根据户外拓展训练和模拟招聘环节的综合评分,将从 20 强选手中评选出 10 强选手进入总决赛。

(四)总决赛阶段

活动环节:总决赛

活动目的:通过总决赛"职业规划自述""压力面试"和"参赛感言"等环节的表现,展示出选手职业规划的亮点和个人风采,专家评委对选手表现进行评分,最终评选出一、二、三等奖及职业规划大赛的"规划之星"。

三、大赛亮点

1. 参与面广

大赛以学院为点、学校为面,全方位展开宣传。凡同意并遵守本次大赛规程的理工大全日制在读本、专科学生和研究生,不限年级,均可报名参与本次大赛。

2. 比赛形式新颖

大赛要求参赛者在了解自我及专业的基础上,初步确定职业方向,拟定发展目标,制订行动计划,大赛对参赛者提交的"个人职业规划设计"和"个人简历设计"进行评选,以期通过大赛提高大学生的职业规划意识和择业观念,增强就业竞争力。

大赛通过活动环节的设计提供给参赛者最前沿、最时尚、体验式、选拔式的运动形式,包括综合测试、户外拓展训练、结构化面试、无领导小组讨论、现场答辩等,使参赛者通过各种形式新颖的活动体验,尽情展现自己真实的能力,领悟职业生涯规划的重要意义。

3. 专家指导

大赛将聘请多位职业指导专家开设职业规划讲座,对职业规划进行全面剖析,近距离指导有关职业规划的方法、步骤。参赛者通过系统学习职业规划的知识和技能体系,树立并强化职业规划意识,从而设计出突现个性化的职业规划方案。

4. 校企联动

由多位知名企业老总、HR总监亲临学校向大学生面授职业规划、简历设计制作、求职面试、职业发展等实战经验。参赛者通过聆听成功人士职业规划与职场发展经验介绍,有助于将理论知识与实践相结合,有效地提高大学生的职场竞争力。

5. 强大的宣传攻势

大赛与成都主流媒体合作,通过校内校外、赛前赛后的大量宣传将为本次大赛创造良好的氛围,通过全程摄像、专题报道的形式,关注获胜选手的成长,使其在众多参赛者中脱颖而出,具有广泛的知名度,切实提高大学生的就业竞争力。

6. 精英培养计划

凡参加大赛并在决赛中成绩排名前五的选手,均有机会参与理工大职业经理研究所"明日之星精英培养计划"项目。该培养计划主要是为了培养"职业经理人"和"管理型人才",获奖选手可直接参加理工大职业经理研究所举办的有关大学生活动,并可获得理工大职业经理研究所的长期职业指导,培训、实习和就业推荐的机会。

附录二

成都理工大学大学生职业规划大赛宣传手册

一、活动主题

规划精彩人生,成就美好未来

二、大赛背景

2006年,成都理工大学(以下简称"理工大")在四川地区高校首开先河,成功举办了首届大学生职业规划大赛。大赛由理工大学职业经理研究所策划并组织承办,得到了学校大力支持,以及校外多家知名企业的鼎力相助和成都市乃至四川省各大媒体的普遍关注。

经过六届的持续比赛和后续宣传,职业规划的理念已深入理工大学子心中,切实提高了大学生的就业危机意识,并打造出提升大学生综合素质和就业竞争力的培养体系和培养模式。

几年来,职业规划大赛成为理工大学子提高职业规划意识、职业化能力、就业竞争力的一项品牌活动，并且成为理工大每年度的大学生特色活动之一。通过大赛，能够进一步在大学生中树立良好的职业规划意识和竞争意识，掌握正确、科学的职业规划理论和方法，提高大学生职业规划和就业竞争能力，建立校企合作平台，拓宽大学生实习和就业渠道。

三、大赛目的

通过大赛，进一步提高大学生对职业规划的重视程度，把握好未来职业发展方向，树立起正确的职业生涯规划观念。

帮助学生认识自我、完善自我、科学规划、提高素质；拓宽大学生的视野和就业渠道，树立科学的就业观念，搭建企业与高校就业的平台；缓解大学生就业的心理压力，选择适合自己的职业发展路线。

四、组织机构（略）

五、大赛亮点（参见附录一）

六、参赛方式

（一）参赛对象

理工大全日制在校学生，包括本科生、专科生、研究生均可免费报名参加。

(二) 报名办法(略)

(三) 参赛作品要求

1. 作品形式

参赛学生提交个人职业规划设计方案一份和个人简历一份参与评选。个人职业规划设计、个人简历均以 Microsoft Word 文档格式制作,A4 纸大小。参赛者需同时提交书面文档和电子文档。

2. 作品要求

本次大赛的主题为职业规划,参赛者必须如实地根据自己的学习、生活等情况,结合专业背景与社会需求,进行科学合理的职业定位,并制订可行的实施计划。

大赛鼓励创新,参赛选手可以在大赛主题范围内充分发挥自己的创造力,展现自己个性化的作品。

大赛严禁抄袭、剽窃行为,一旦发现,将取消参赛资格,情节严重者,按学校有关规定严肃处理。

3. 个人职业规划设计撰写要求

(1) 个人职业规划设计必须有封面。封面上需填写参赛者的真实姓名、性别、系别、班级、联系电话、E - mail 等相关信息,字数 2 000 左右。

(2) 个人职业规划设计的内容包含但可不仅限于以下内容:

a. 对职业规划的认识

可以涉及职业规划的方方面面,包括了解职业规划的含义,明确职业规划对自己的学习和未来发展的意义,等等。

b. 对自我的剖析

通过各种途径全面、客观地对与职业有关的自我特征进行分析，比如自身的兴趣、个性、价值观等，形成一幅层次分明、内容丰富的“自画像”。

c. 对所学专业的认识

从现在所学专业出发，分析该专业的性质、学好该专业应具有的知识储备和能力、将来有可能的职业方向、专业的发展前景等。

d. 对职业方向的探索

在对了解自我和分析所学专业的基础上，初步确定自己的职业方向，深入了解自己所选择的职业方向所需的专业技能，应具备的经验、素质等，评估职业机会。

e. 确定目标、制订计划

根据自己的职业方向，拟订长期、中期、近期目标，并制订切实可行的行动计划，比如大学四年的学习计划、每个学期的实践计划、某项能力的提高计划等，还可拟订相应的保障措施以及应对各种变化的调整措施，等等。

4. 个人简历制作要求

（1）个人简历的封面设计黑白、彩色均可。

（2）个人简历的基本内容包括个人基本情况、应聘职位、学习与培训经历、实践和实习经验、获奖情况、发表的文章、兴趣爱好等。

（3）个人简历要求真实、简练、整洁、美观，有针对性，体现个性。

（四）大赛流程

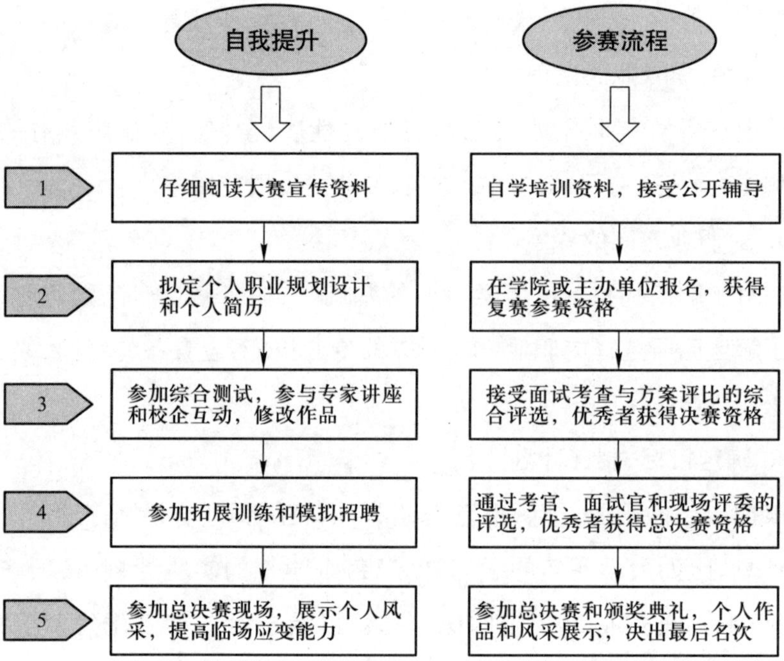
自我提升
参赛流程
1
仔细阅读大赛宣传资料
自学培训资料，接受公开辅导
2
拟定个人职业规划设计和个人简历
在学院或主办单位报名，获得复赛参赛资格
3
参加综合测试，参与专家讲座和校企互动，修改作品
接受面试考查与方案评比的综合评选，优秀者获得决赛资格
4
参加拓展训练和模拟招聘
通过考官、面试官和现场评委的评选，优秀者获得总决赛资格
5
参加总决赛现场，展示个人风采，提高临场应变能力
参加总决赛和颁奖典礼，个人作品和风采展示，决出最后名次

附录三

“赢在起点”大学生职业能力提升训练营介绍

一、培训背景

随着高校招生人数不断增加，高校毕业生人数也在逐年攀升，就业形势日趋严峻。大学生就业问题越来越受到政府、高校和大学生的广泛关注。然而，由于缺乏职业规划意识和相应的就业指导，大学生在校期间不知道自己将来要做什么，应该为今后的职业发展作哪些能力素质准备，企业需要什么样的人才，应该为今后的职业发展作哪些能力素质准备，于是在面对理想和现实的巨大落差时，很多大学生在毕业后求职“无门”，造成大学生就业难的现状。

因此，对学校而言，面对这一现实，应该转变观念，拓宽就业渠道，从真正意义上培养满足社会需要、企业要求的复合型人才。针对这一现象，成都理工大学职业经理研究所联合企业开展了“赢在起点”大学生职业能力提升训练营（以下简称“训练营”）活动。

训练营是成都理工大学职业经理研究所结合“大学生就业竞争力培

养模式研究”的课题研究成果所做的实践活动。继 2007 年首度成功举办以来，训练营不仅使参与的大学生在职业素养和职业能力上得到提高和锻炼，还使他们的专业技能更加符合社会和企业的实际需求，为此校领导和相关职能部门对研究所开展训练营活动所取得的成效给予了肯定并对这种培养模式表示出高度的认可。

二、培训目标与模式

训练营旨在将大学生系统的职业化能力与专业知识和训练结合起来，为企业提供具有扎实专业基础和良好职业能力的通用型人才。同时，该培训根据企业对职业化人才的要求，按新员工的培训方式，在三年级及以上的大学生中开展了职业化能力素质 + 专业技能 + 拓展训练的集中培训与专业实习相结合的训练模式，在此基础上选拔优秀的人才直接向企业推荐，增加了大学生就业的机会和成功率，并帮助企业减少了招聘的盲目性和招聘成本。

训练营采用校内培训与企业岗位实习相结合的培训模式。培训内容包括：公共职业能力培训、专业方向课程训练、户外拓展训练、企业实习训练。

三、培训对象

本次训练营分三个专业化方向，分别是人力资源管理、市场营销、项目管理。每个方向拟招收 20 ~ 30 人。训练对象主要为成都理工大学本科三年级的部分在校学生，不同方向侧重于不同的学院及专业。

四、培训模式

模块一:公共基础课

通过拓展训练、课堂讲授、互动研讨等形式,主要针对通用职业化意识和能力对大学生进行针对性的培养和训练。

1. 心态与情绪管理
2. 大学生职业化素质塑造
3. 自我管理与执行能力
4. 团队合作与有效沟通
5. 学习与创新能力
6. 职业形象与职业礼仪
7. 职业准备与求职技巧

模块二:专业训练

聘请企业家对各专业实际工作中的知识和技能进行实战讲授,让大学生了解企业的工作模式和工作方法,训练其专业思维能力和具体执行力。

专业1:人力资源管理板块

1. 人力资源的角色与胜任力分析
2. 工作分析与岗位说明书的编写和运用
3. 招聘实务
4. 培训策划
5. 薪酬设计与绩效考核
6. 劳动关系管理
7. 自我修炼——模拟招聘

续表

专业 2:市场营销板块 1. 消费者行为 2. 营销活动策划 3. 市场调查基础与实际演练 4. 推销实践 5. 广告创意 6. 电子商务与网络营销 7. 自我修炼——营销策划与实践
专业 3:项目管理板块 1. 项目管理基础知识 2. 项目经理能力素质 3. 项目计划、控制成本管理 4. 项目质量与风险管理 5. 项目沟通 6. 项目人力资源管理 7. 项目管理案例 8. 自我修炼——案例讨论
模块三:专业实习 培训合格学员,结合学生所学专业分配到企业相应岗位实习,对所学内容进行进一步实践,了解企业运作,增强实际工作能力。

五、培训收益

(一)大学生收益

1. 全面提高大学生就业竞争能力,使其在职业素养、职业能力和专业方面得到提高，培养适应市场需求的专业技能。

2．通过培训获得成都理工大学各相关学院和成都理工大学职业经理研究所联合颁发的培训结业证书、能力评价书。

3．参加培训的学员均可获得不少于20天的企业实习推荐机会，理论联系实际，将培训中学习的知识运用到专业实习中。

4．优秀学员将作为成都理工大学职业经理研究所的长期培养对象，在职业规划、职业发展和职业管理中可以得到相关专家全面、具体的指导。

（二）学校收益

1．解决学校毕业生实习和就业的具体问题，提供实习岗位，解决就业困难。

2．提升学生学习动力和积极性，带动校园学习氛围的提升。

（三）企业收益

1．节约招聘人才的人力和财力，在一定程度上减少企业招聘成本、降低招聘费用、缩小招聘范围、节省招聘时间、改善招聘质量、提高招聘效率，同时规避用人风险。

2．提高企业在大学和大学生中的知名度，为企业提升社会知名度。

附录四

“赢在行动”大学生职业素质拓展训练营介绍

一、活动背景

随着高校招生人数的不断增加，全国的就业压力持续增大，高校毕业生人数也在逐年攀升。根据国家统计的有关数据显示，2011 年高校毕业生人数达到约 660 万，面对如此庞大的就业队伍，就业形势日益严峻，大学生就业问题已成为社会各界人士普遍关注的焦点。

然而，大学生就业问题不仅源于社会，与高校及其教育体制也有很大的关系。面对日趋激烈的就业竞争，大学生缺乏专业的就业指导，在校期间没有进行有针对性的职业生涯规划和设计，对未来的职业发展和职业定位不明确，对自身职业能力的提高没有方向，就业准备不充分，导致“毕业就失业”。甚至有很多同学在顺利就业之后，不能很快地完成从学生到职业人的转型，最终被企业淘汰。

“‘赢在行动’大学生职业素质拓展训练营”（以下简称“素质训练营”）旨在探索一种与专业知识相匹配、满足社会需要和企业用人要求的高素质职业化人才的培养模式,缓解大学生就业压力。它的前身是“成都理工大学‘赢在起点’大学生职业能力提升训练营”(以下简称“能力训练营”)。2011年训练营主办方成都理工大学职业经理研究所在原来能力训练营的基础上进行了创新和改革,对原来训练内容以及方式进行了调整,更注重职业素质的培养。

同时,“赢在行动训练营”也是成都理工大学职业经理研究所结合“大学生就业竞争力培养模式研究”的课题研究成果所做实践活动的不断创新和完善。据调查显示,参办过训练营的同学由于观念、心态的转变以及职业素质的提升能够更快地完成从学校到社会的转型,在就业和职业发展中确实有相对较强的优势。

二、活动宗旨

“赢在行动训练营”旨在培养和提升大学生职业素质,为学校向企业输送具有良好的专业知识和职业能力的通用型人才提供平台。同时,按企业需要,开创性地采用“体验训练 + 理论升华学习 + 实用工具应用”的职业化人才培养模式,将通用职业能力与专业技能相结合,全面提高大学生的职业素质,在大学生专业能力提升与职业化意识塑造的基础上,提升大学生就业竞争力,为大学生就业和未来的职业发展奠定良好的基础。

三、活动目的

通过“赢在行动”大学生职业素质拓展训练营,我们要达到的活动目的:

（一）大学生

1．帮助大学生树立正确的职业道德和人生观，拓宽视野和就业渠道，树立科学的就业观念。

2．通过体验式培训和对组织管理学、集体心理学、行为心理学等方面知识和技能的学习，全面改善与提升个人的情商和心智模式，全面提高其岗位胜任力。

3．获得相关专家有关职业定位和职业发展方面系统的咨询和指导，选择适合自己的职业发展路线，从而为大学生的职业生涯规划打下良好的基础。

4．获得来自企业和职场专家为期8天的系统集训，提升职业能力和职业素养，培养适应市场需求的专业技能。

5．缓解大学生就业心理压力，矫正职业心态，帮助大学生理性面对就业竞争和就业压力。

（二）学校

1．明确大学生的学习目的。

2．提高知识学习和就业能力培养的针对性，培养出更加适合企业需要的人才，提高大学生的就业率。

3．通过活动的广泛宣传报道，提升其社会知名度和获得良好的社会形象。

四、活动模式

训练营采用校内培训与校外实践相结合的活动模式，主要包括：理论内训、社会实践、强度体验、情景体验、工具运用辅导等。

课程时间/天	内容名称	实施方式1	实施方式2	实施方式3	课程地点
7.13 (0.5)	开营仪式	活动宣讲			校内
7.14 (1)	职业化道德培训 ——德行天下		理论内训	社会实践	校内
7.15—7.16 (1.5)	职业化成长训练 ——心态、价值观、职业意识矫正	强度体验		531行动 改善公约	校外
7.17 (1)	职业素养行为手册 ——职业礼仪训练、卓越员工守则	分享式学习 小组模式	背诵 强化记忆	实践践行	校内
7.18—7.20 (3)	能力训练 ——三项能力训练(情绪耐压、沟通执行、目标时间)	情景体验	理论提升	工具运用 辅导	校内
7.21 (1)	成长实践 ——感恩体验，一起走	分享式学习 小组模式	植入可循环 持续小组	体验 “一起走”	校外

五、活动对象

参与本次训练营的所有成员主要从本次活动的主办单位和协办单位，即成都理工大学体育学院、管理科学学院、商学院以及职业经理研究所举办的职业规划大赛20强选手中选拔出来。

六、活动流程

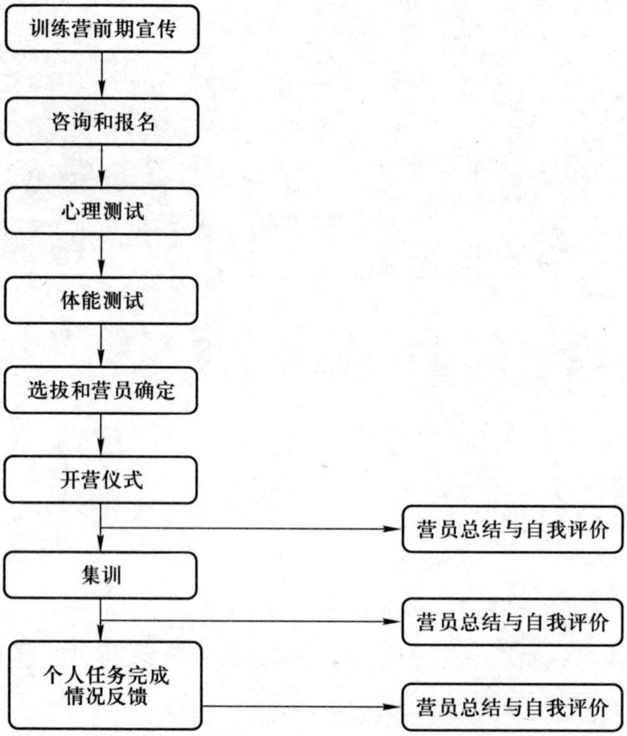
训练营前期宣传
咨询和报名
心理测试
体能测试
选拔和营员确定
开营仪式
营员总结与自我评价
集训
营员总结与自我评价
个人任务完成情况反馈
营员总结与自我评价

参考文献

[1] 张胜前.构建人生愿景——大学生职业生涯规划[M].郑州:河南科学技术出版社,2010.

[2] 彭贤,马恩.大学生职业生涯规划活动教程[M].北京:北京交通大学出版社,2010.

[3] 龙进,肖红伟.地方高校大学生职业发展与就业指导[M].北京:北京大学出版社,2010.

[4] 孙洪涛,伊芃芃.赢在起点——大学生职业生涯规划与职业素质拓展[M].北京:高等教育出版社,2010.

[5] 洪凤仪.生涯规划自己来[M].台北:扬智文化出版社,1998.

[6] 蔡国英.大学生职业发展实用教程[M].银川:宁夏人民教育出版社,2008.

[7] 肖利哲,王雪原,武建龙.大学生职业生涯规划理论与设计[M].北京:科学出版社,2011.

郑重声明